현직 교사가 만든

업무 자동화를 원하는 교사를 위한

찐 실전

Chat GPT

생성형 AI 수업 업무 대혁명

손지선·양현·이상경
박한나·한솔·박석경 공저

(주)광문각출판미디어
www.kwangmoonkag.co.kr

머리말

교육 현장은 오늘날 커다란 변화를 맞이하고 있습니다. 교사들은 교육, 행정, 상담 등 복합적인 업무로 인한 과중한 부담을 겪고 있으며, 업무에 치여 하루하루를 전전긍긍하며 보내는 것이 현실이 되었습니다. 기한 안에 처리하기 위해 업무를 집으로 가져가는 일도 다반사가 된 상황에서 인공지능(AI)의 발전은 새로운 돌파구를 제시합니다.

챗GPT는 교사들의 반복적이고 소모적인 업무를 획기적으로 줄일 수 있는 강력한 도구입니다. 똑같은 일을 하는데 누군가는 1분, 누군가는 한 시간이 걸린다면 그 차이는 점점 벌어질 수밖에 없습니다. 이에 본서는 챗GPT를 활용한 구체적인 업무 효율화 방안을 제시합니다.

제1장에서는 챗GPT의 기본 개념, 가입 및 사용법, 효과적인 프롬프트 작성법을 상세히 다룹니다.
제2장에서는 단축키 활용법, 효율적인 작업 환경 구성, 브라우저 최적화 등 업무 효율화를 위한 기본기를 설명합니다.
제3장은 기안서 작성, PDF 요약, 업무 메시지 관리 등 행정 업무에서의 챗GPT 활용을 다룹니다.
제4장은 학생 설문조사, 생활 지도, 진학 지도, 학부모 소통 등 담임 업무에서의 활용법을 소개합니다.
제5장에서는 수업 자료 제작, 수업 아이디어 구체화, 유튜브 동영상 요약 등 수업 준비 과정에서의 활용 방안을 설명합니다.

제6장에서는 소위 행발이라고 부르는 행동 발달 및 특기 상황, 자율활동 기록, 구글 스프레드시트를 활용한 자동화, 개인화된 학생 특기 사항 초안 작성 등 생활기록부 작성의 효율화 방안을 제시합니다.

이러한 업무 효율화의 궁극적 목표는 단순히 시간을 절약하는 데 있지 않습니다. 결과의 80%가 원인의 20%에서 나온다는 파레토의 법칙에서 말하는 것처럼 챗GPT를 통해 반복되는 80%의 업무를 효율적으로 처리한다면 핵심 업무 20%에 집중할 시간을 벌어 줍니다. 따라서 교사들은 교육의 본질인 학생 개개인의 성장과 학습에 더욱 집중할 수 있게 됩니다.

이 책을 통해 업무 부담을 줄여 교사들이 정말 중요한 일에 집중할 수 있게 되기를 기대합니다.

- 저자 일동 -

목차

1장

챗GPT란?   9

2장

챗GPT 기본기 갖추기   28

3장

챗GPT로 행정 업무 쉽게 하기   37

4장
챗GPT로 담임 업무 쉽게 하기　　　　　96

5장

챗GPT로 수업 준비 쉽게 하기　　　127

1장

챗GPT란?

1. 왜 챗GPT인가?

[사례 1]

　이상경 선생님은 신규 교사 시절부터 10년 교직 경력에 접어드는 지금까지 매일 쏟아지는 업무 메시지에 시달려 왔다. 잠시만 자리를 비워도 수십 건의 메시지가 쌓이고 모든 메시지를 다 읽고 할 일을 정리하는 데 많은 시간을 허비하곤 했다. 이로 인해 정작 중요한 수업 준비나 학급 운영 등 교육 활동에 집중할 시간이 부족했다. 하지만 이제는 더 이상 걱정이 없다. 챗GPT가 중요한 업무 메시지를 요약해 주고, 할 일 목록을 체계적으로 정리해 주기 때문이다. 답장이 필요한 메시지라면 챗GPT가 대신 답장까지 작성해 주어 업무 메시지의 부담에서 벗어날 수 있게 되었다. 덕분에 이상경 선생님은 이제 업무 메시지를 읽고 답하는데 소모되는 시간을 줄이고 교육 활동에 집중할 수 있는 여유를 확보하게 되었다.

[사례 2]

　한솔 선생님은 교육과정부의 의뢰로 자율적 교육과정 운영을 간소화하는 업무를 맡았다. 각 학교에서 한 학기 동안 일주일간 운영되는 자율적 교육과정은 과목 융합 활동을 진행하고, 그 결과에 대해 개별 세부 능력 및 특기 사항(개별 세특)을 작성할 수 있어 대학 입시에 매우 중요한 역할을 한다. 문제는 학생마다 제출하는 내용이 너무 다양하여 처리하기가 어렵다는 점이었다. 한솔 선생님은 이 문제를 해결하기 위해, 세 학년 전체 1,000여 명의 학생들이 구글 설문으로 제출한 보고서를 구글 시트로 불러온 뒤 챗GPT를 활용해 자동으로 요약하는 시스템을 설계했다. 이 시스템 덕분에 1,000여 명의 보고서를 단 하루 만에 요약할 수 있었다. 만약 챗GPT가 없었다면 여러 선생님이 며칠씩 작업해야 할 방대한 업무였을 것이다.

　이는 챗GPT를 교사 업무 효율화에 활용한 실제 사례이다. 챗GPT는 교사의 시간과 노력을 엄청나게 아껴 준다. 개인 조교를 둔 것이나 마찬가지이다. 다소 제한적이긴 하지만 무료 버전을 사용하면 비용 부담도 없다. 이제 교육 현장에서 챗GPT를 제외하고는 수업과 행정 업무의 효율성을 논할 수 없게 되었다.

2. 챗GPT 필수 상식

1. 기본 정보

먼저 챗GPT에서 GPT는 어떤 뜻을 가지고 있을까?
- **G**: generative (생성형의)
- **P**: pre-trained (사전 학습된)
- **T**: transformer (트랜스포머 모델)

즉 사전에 대규모의 데이터를 미리 학습하여 사용자의 프롬프트에 대한 답변을 생성해 주는 트랜스포머 모델 기반의 챗봇이라는 뜻이다.

2025년 2월 기준으로 챗GPT는 다음과 같이 무료 한 가지와 유료 두 가지 총 세 가지의 요금제로 제공되고 있다. Plus 요금제는 매월 20달러이며, Pro 요금제는 매월 200달러이다. 요금제 간의 차이는 챗GPT 왼쪽 하단의 '플랜 업그레이드' 메뉴를 누르면 쉽게 볼 수 있다.

Free

$0 USD/월

매일 해야 하는 일에 AI를 활용해 보세요

나의 현재 플랜

- ✓ GPT 4o mini에 액세스
- ✓ 표준 음성 채팅
- ✓ GPT-4o에 제한적 액세스
- ✓ 파일 업로드, 고급 데이터 분석, 웹 검색, 이미지 생성 등에 제한적 액세스
- ✓ 맞춤형 GPT 사용

기존 플랜이 있으신가요? 결제 도움말을 참고하세요

Plus 인기

$20 USD/월

더 넉넉한 액세스로 생산성과 창의성을 끌어올리세요

Plus 이용하기

- ✓ 모든 것이 무료
- ✓ 메시지, 파일 업로드, 고급 데이터 분석, 이미지 생성에 한도 증가
- ✓ 고급 음성 및 영상 입력에 액세스
- ✓ o1 및 o1-mini에 제한적 액세스
- ✓ 새 기능 테스트 기회
- ✓ Create and use projects and custom GPTs
- ✓ Sora 영상 생성에 제한적 액세스, 지원하는 국가 및 영토 대상.

제한 사항 적용

Pro

$200 USD/월

최고 수준 액세스로 최고의 OpenAI 경험을

Pro 이용하기

- ✓ Plus의 모든 기능
- ✓ o1, o1-mini, GPT-4o에 무제한 액세스
- ✓ 음성 채팅 무제한, 영상 입력에 더 넉넉한 한도
- ✓ 어려운 질문에 최고의 답변을 드리고자 더 많이 계산하는, o1 pro 모드를 이용하세요
- ✓ Sora 영상 생성에 더 많은 액세스, 지원하는 국가 및 영토 대상.

사용은 정책을 준수해야 하며 합당해야 합니다

위 표에도 나와 있듯이, 무료 요금제에서는 GPT-4o mini를 사용할 수 있으며, GPT-4o 모델은 제한적으로 제공된다. 즉 로그인해서 GPT-4o를 어느 정도 횟수 이상을 사용하고 나면 4o mini로 자동 전환이 된다. 무료 요금제에서 본인이 어떤 모델을 사용하고 있는지 어떻게 알까? 프롬프트에 대한 답변 하단의 아이콘이 나오는 부분 가장 우측을 보면 확인할 수 있다. 참고로 챗GPT는 로그인하지 않고도 사용할 수 있는데, 이때 기본 제공되는 4o mini 모델은 파일 업로드 기능이 제한되므로 회원 가입을 하고 로그인하여 사용하는 것이 좋다.

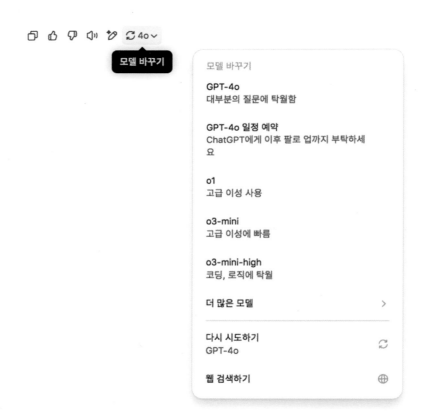

Plus 요금제는 2025년 2월 기준으로, GPT-4o, GPT-4o mini, GPT-4뿐 아니라 새로 나온 모델 o1, o1-mini, o3-mini, o3-mini-high도 사용할 수 있다. 유료 버전을 사용하는 경우, 무료 버전과 달리 프롬프트 입력창 좌측 상단에서 현재 사용 중인 모델을 확인할 수 있다.

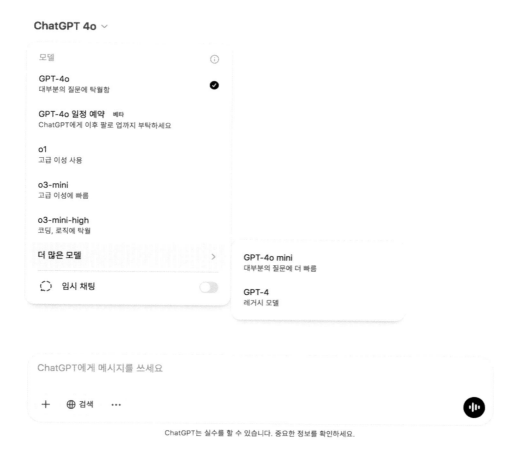

위에서 보듯이 기본 모델은 4o이며 대부분의 업무에 활용할 수 있다. 본서는 독자가 4o 모델을 사용한다는 가정하에 집필하였다.

2. 가입 방법

챗GPT는 간단한 회원 가입 절차를 통해 사용할 수 있다. https://chat.openai.com/auth/login에 접속하여 'SIGN UP'을 눌러 회원 가입을 한다. Google 계정, Microsoft 계정 또는 Apple 계정으로 회원 가입할 수도 있으며, 가입 후에는 각 계정을 사용해 간편하게 로그인할 수 있다.

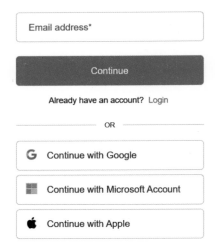

3. 사용 설명

　챗GPT의 기본 인터페이스는 채팅 입력창 형태로 되어 있어 누구나 직관적으로 사용할 수 있게 되어 있다. 화면 중앙 하단에 보이는 회색 창에 원하는 명령어(프롬프트)를 입력하면 결과를 얻을 수 있다.

사이드바

화면 왼쪽에는 회색 바탕의 사이드바 부분이 있는데 하단에는 본인이 입력했던 프롬프트 목록이 뜬다. 제일 상단에는 아이콘이 있으며, 마우스 커서를 갖다 대면 어떤 기능을 하는지 보여 준다.

ChatGPT

GPT 탐색

1) 사이드바 닫기

사이드바를 닫고 여는 버튼이다. 한 번 누르면 사이드바가 접히며 더 깔끔한 인터페이스에서 사용할 수 있으며, 다시 한번 누르면 사이드바가 도로 펼쳐진다.

2) 채팅 검색

본인의 채팅 기록을 검색할 수 있다.

3) 새 채팅

채팅을 하는 중간에도 새롭게 채팅을 시작할 수 있는 기능이다. 챗GPT는 채팅을 시작하고 나면 그 맥락 안에서 답변을 하는 경향이 있으므로, 전혀 새로운 토픽에 대해 채팅을 하거나 이전 맥락의 영향을 받지 않는 채팅을 하고 싶다면 새 채팅을 여는 것이 좋다. 참고로 단축키는 Ctrl + Shift + C이다. (윈도우 컴퓨터 기준)

'GPT 탐색'

사실 이 메뉴는 원어인 영어로 볼 때 더 잘 이해가 된다. 영어 메뉴로는 Explore GPTs라고 되어 있다. 즉 GPTs를 탐색해 보는 메뉴라는 뜻이다. GPTs란 무엇을 뜻할까?

88 Explore GPTs

⇒ 영어 버전의 메뉴 화면

해당 버튼을 누르면 GPTs가 무엇을 뜻하는지 설명이 나온다.

GPT

지침, 추가 지식 및 모든 스킬 조합을 결합한 ChatGPT의 맞춤형 버전을 발견하고 만듭니다.

> Q GPT 검색

최상위 선택 항목   글쓰기   생산성   연구 및 분석   교육   라이프스타일   프로그래밍

Featured
Curated top picks from this week

Code Tutor
Let's code together! I'm Khanmigo Lite, by Khan Academy. I won't write the code for you, but I'll...
작성자: khanacademy.org

Whimsical Diagrams
Explains and visualizes concepts with flowcharts, mindmaps and sequence diagrams.
작성자: whimsical.com

Resume
By combining the expertise of top resume writers with advanced AI, we assist in diagnosing and...
작성자: jobright.ai

Universal Primer
The fastest way to learn anything hard.
작성자: Siqi Chen

GPTs란 결국 '챗GPT의 맞춤형 버전'을 말한다. 쉽게 이야기해 누군가 특정 분야에 필요한 프롬프트를 미리 입력해 두어서 우리가 굳이 복잡한 프롬프트를 입력하지 않고도 특정 지식을 쉽게 얻을 수 있게 하는 맞춤형 챗GPT이다. GPTs는 OpenAI사가 아닌 개인이나 별도의 회사가 제작한다. 예를 들어, cook GPT라고 검색하면 요리법 답변에 특화된 GPTs가 여러 개 검색이 되며, 이 중 하나를 선택해서 사용할 수 있게 되어 있다.

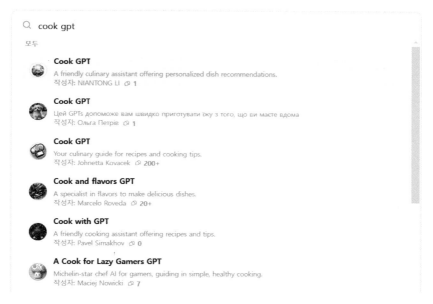

4. 연령에 따른 사용 지침

OpenAI사의 지침에 따르면 만 13세 이상이어야 챗GPT를 사용할 수 있으며, 만 18세 미만인 경우 보호자의 지도와 감독을 권장하고 있다.

Minimum age. You must be at least 13 years old or the minimum age required in your country to consent to use the Services. If you are under 18 you must have your parent or legal guardian's permission to use the Services.

1장 2장 3장 4장 5장 6장

1장. 챗GPT란?

챗GPT는 모든 연령대가 안전하게 사용할 수 있는 도구인가?

챗GPT는 모든 연령대의 사람들이 사용할 수 있지만, 안전한 사용을 위해 일부 주의가 필요합니다. 특히 어린이와 청소년의 경우, 다음과 같은 점을 고려해야 합니다:

1. **연령에 맞는 콘텐츠 필터링:** 챗GPT는 부적절하거나 유해한 콘텐츠를 제공하지 않도록 설계되어 있지만, 특정 민감한 주제나 복잡한 개념에 대한 설명은 연령에 따라 다르게 해석될 수 있습니다. 어린이와 청소년이 사용할 때는 보호자의 감독이 필요할 수 있습니다.

2. **온라인 안전 교육:** 어린이에게 챗봇을 사용할 때는 개인정보 보호 및 온라인상에서의 적절한 행동에 대해 가르치는 것이 중요합니다. 예를 들어, 개인 정보나 민감한 정보를 공유하지 않도록 하는 것이 필요합니다.

3. **대화 내용 모니터링:** 어린이와 청소년이 챗봇을 사용할 때는 보호자가 대화 내용을 모니터링하여 부적절한 주제나 위험한 대화가 오가지 않도록 주의해야 합니다.

따라서 챗GPT는 모든 연령대가 사용할 수 있는 도구이지만, 특히 어린이와 청소년의 경우 보호자의 지도와 감독이 권장됩니다.

챗GPT를 포함한 생성형 AI가 널리 사용되면서 교육청에서도 생성형 AI 사용에 관한 지침을 배포하였다. 2023년도에 서울시교육청이 배포한 지침을 요약하자면 다음과 같다.

초등학생은 교사의 시연을 통해 챗GPT를 포함한 생성형 AI를 간접 체험할 수 있으며 직접 체험은 불가능하다. 중학생과 고등학생은 부모나 법적 보호자의 허락을 받은 후 교사의 지도 아래 수업 시간에 직접 활용할 수 있다. 다만, 수업과 교육 활동에서 생성형 AI를 활용하기 전에는 반드시 사전 교육을 실시해야 하며 여기에는 생성형 AI의 원리, 한계점, 윤리적 사용에 대한 내용이 포함되어야 한다.

5. 저작권 관련 문제

'챗GPT로 만든 결과물은 출처를 표시해야 하나요?'라는 질문을 자주 받는다.

챗GPT에 입력하는 프롬프트나 출력되는 결과물은 사용자가 저작권을 가진다. 따라서 결과물을 수업 자료에 사용하는 데 있어서 개발사인 OpenAI의 허락을 받을 필요는 없다.

> Ownership of Content. As between you and OpenAI, and to the extent permitted by applicable law, you (a) retain your ownership rights in Input and (b) own the Output. We hereby assign to you all our right, title, and interest, if any, in and to Output.

6. 유의해야 할 점들

– '인간지능'과 '인공지능'을 동시에 쓰기

챗GPT는 영어를 매우 잘하지만, 프롬프트를 잘못 이해해서 엉뚱한 답변을 내놓는 경우가 많다. 이렇게 부정확한 정보를 마치 정확한 정보처럼 제공하는 것을 '할루시네이션 (hallucination, 환각 현상)'이라고 한다. 따라서 챗GPT가 제공하는 정보를 수업 자료로 활용할 때는 교사의 검토 과정이 꼭 필요하다.

– 프롬프트는 짧고 간명하게 주기

'AI라서 나에 대해서 학습할지도 모르니 공손하게 질문해야 할까?'라고 생각할 수 있다. AI라고 하면 <터미네이터>와 같은 영화가 떠오르다 보니 챗GPT도 생각할 수 있다고 착각하기 쉽다.

하지만 챗GPT는 말은 잘해도 사실 감정도 없고 생각도 할 수 없다. 그저 앞뒤 문맥에 확률적으로 가장 자연스러운 어휘를 배치할 뿐이다. 따라서 프롬프트에 굳이 '~해줄 수 있니~?'와 같은 존댓말을 붙일 필요가 없다. 대신 '~해. ~해줘.'와 같은 짧고 분명한 명령문을 사용하는 것이 좋다.

– 최신 정보는 제대로 대답할 수 없을 수도 있음에 유의하기

2024년 10월 31일 자로 챗GPT에는 웹 검색 기능이 공식 도입되어, 최신 정보에 대해서

1장

2장

3장

4장

5장

6장

1장 : 챗GPT란?

도 비교적 정확하게 답할 수 있게 되었다. 하지만 챗GPT는 기본적으로 사전 학습된 데이터를 사용하며, 모델에 따라 다르지만 최신 데이터가 반영되지 않았을 수 있음을 명심하자.

7. 다른 AI 챗봇

챗GPT와 같은 원리로 사용할 수 있는 비슷한 생성형 AI 도구는 다음과 같다.

1) 코파일럿(Copilot)**:** https://copilot.microsoft.com/
마이크로소프트사가 개발한 챗봇이다. 로그인하지 않을 경우 이미지 생성 등 일부 기능이 제한되므로 회원 가입한 후 사용하자. 기존에 MS 계정이 있다면 별도로 만들지 않고 MS 계정으로 로그인할 수 있다.

2) 제미나이(Gemini)**:** https://gemini.google.com/
구글에서 개발한 챗봇으로, 초기에는 Bard라는 이름이었으나 2024년 2월부로 제미나이(Gemini)로 명칭을 바꾸었다. 제미나이 2.0 첫 번째 모델인 제미나이 2.0 Flash가 2025년 2월 정식버전으로 출시되었다.

3) 뤼튼(WRTN)**:** https://wrtn.ai
한국에서 개발한 생성형 AI 플랫폼으로, 한국 사용자에게 더욱 편리한 인터페이스를 강점으로 내세우고 있다.

4) 퍼플렉시티(Perplexity)**:** https://www.perplexity.ai/
출처나 진위가 중요한 조사, 연구 단계에서는 챗GPT 말고 이른바 'AI 검색 엔진'을 사용해 보자. AI 검색 엔진 중에는 미국의 벤처회사가 만든 Perplexity가 대표 주자인데, 구글 등의 '검색 엔진(search engine)'과 차별화하기 위해 '대답 엔진(answer engine)'이라는 말을 사용하기도 한다.

챗GPT와의 차이점은 답변을 실시간 검색한 사이트를 근거로 만들며 출처를 항상 우선적으로 보여 준다는 것이다.

올해 대한민국 교육부 예산을 작년 예산과 비교해서 표로 만들어 줘.

∴ 출처

예산으로 보는 2022 교육부 - 행복한 교육	정부의 교육분야 예산 규모는? > 지방교육재정 살림살이 > 테마통계 ...	[PDF] 2024년 고등교육 부문 관련 예산 현황 분석	☯ KDI
✚ happyedu.moe.go · 1	● eduinfo.go · 2	◉ kcue.or · 3	**4개 더 보기**

✳ Perplexity

2024년과 2023년 대한민국 교육부 예산을 비교한 표를 작성해드리겠습니다.

구분	2023년	2024년	증감액	증감률
총 예산	97조 4,273억 원	155조 3,387억 원	57조 9,114억 원	59.4%
고등교육 부문	9조 7,427억 원	14조 3,649억 원	4조 6,222억 원	47.4%
맞춤형 국가장학금	4조 8,882억 원	-	-	-
국립대학 운영지원	4조 7,662억 원	-	-	-
대학자율역량강화	2조 707억 원	-	-	-

2024년 교육부 예산은 전년 대비 **59.4%** 증가한 **155조 3,387억 원**으로 대폭 확대되었습니다 [3]. 특히 고등교육 부문 예산이 14조 **3,649억 원**으로 크게 증가했습니다 [3].

사실 단순히 '대한민국 교육부 사이트'를 방문하고 싶다면 구글 검색이나 네이버 검색이 빠를 수 있다. 하지만 이렇게 단순 URL 검색을 제외하고 비교, 요약, 표 작업 등 조금 더 난도가 있는 작업을 해야 할 경우 'AI 대답 엔진'을 쓰는 것이 훨씬 시간과 노력을 절약할 수 있다는 것을 알 수 있다.

3. 프롬프트 엔지니어링의 기초

프롬프트(prompt)란 챗봇에 수행해야 하는 작업을 알려 주는 문장을 의미하며, 원하는 결과를 얻어낼 수 있도록 프롬프트를 잘 설계하고 최적화하는 것을 프롬프트 엔지니어 링이라고 한다.

1. 싱글턴 vs 멀티턴

프롬프트 엔지니어링에서 싱글턴(single-turn)은 프롬프트를 한 번에 입력하는 것, 멀티 턴(multi-turn)은 여러 번에 걸쳐 하는 것을 말한다. 효율 면에서 본다면 여러 번에 걸쳐서 원하는 결과를 얻기보다는 싱글턴으로 한 번에 원하는 결과를 얻는 것이 좋다. 반면 챗 GPT를 어떤 주제에 대해 깊이 파들어 가거나 학습에 활용할 경우 멀티턴으로 사용하는 것이 챗GPT를 더 잘 활용하는 방법일 수 있다. 질문의 수준에 맞춰 챗GPT와 토론이 가 능하기 때문이다.

2. 프롬프트 엔지니어링의 기초

프롬프트 엔지니어들은 일반적으로 다음 3가지 조건을 갖추는 것을 좋은 프롬프트라 고 여긴다.

1) 역할 부여
챗GPT는 방대한 학습 자료를 가지고 있으며 역할 놀이(role-play)에 능숙하다. 역할을 부여하면 관련 자료를 찾아 보다 적절한 결과물을 도출할 수 있다. 예를 들어, 프롬프트 내용이 '중학교 담임 업무'에 관한 것이라면 '너는 한국의 중학교 담임교사야.'라는 식으로 역할을 지정해 주면 된다.

2) 구체적 목표

챗GPT가 워낙 자연어를 잘 처리해서 명령어를 간단히 줘도 좋지만, 원하는 결과를 한 번에 얻기 위해서는 프롬프트가 구체적일수록 좋다. 예를 들어, '학생을 응원하는 문구를 써줘.'라는 프롬프트도 좋지만 '시험을 앞둔 중학교 학생에게 보낼 응원의 마음이 담긴 짧은 문구를 10개 작성해 줘.'와 같은 식으로 구체적인 상황, 숫자, 문맥을 써 주면 더 좋은 결과를 얻을 수 있다.

3) 구조화

많은 자료를 읽고 보고서를 써야 한다고 하자. 자료의 형태가 소설처럼 줄글로 된 것보다는 논문처럼 제목, 목차가 갖추어진 것이 좋을 것이다. 프롬프트가 길어질 경우 논문처럼 내용을 구조화하고 위계화하는 것이 챗GPT가 읽고 처리하기도 좋고 프롬프트를 작성하는 입장에서도 좋다. 프롬프트를 구조화하는 여러 가지 방식이 있지만, 그중 후카츠식 프롬프트 작성법을 소개한다.

3. 후카츠식 프롬프트 작성법

1) 마크다운 언어

후카스식 프롬프트를 이해하려면 우선 마크다운 언어라는 것을 이해할 필요가 있다. 마크다운 언어를 아주 간단히 설명하자면 컴퓨터가 알아듣는 문법을 가진 언어이다. 예를 들어, 우리는 보고서를 작성할 때 목차를 1. 가. (1) … 이런 식으로 제목의 위계를 표시한다. 하지만 마크다운 언어에서는 다음과 같이 문단 제목을 표현한다.

큰 제목

중간 제목

작은 제목

그렇다면 '볼드체'는 마크다운 언어로 어떻게 표현할까? 다음과 같이 하면 된다.
볼드체

여기서 ** 대신에 *을 사용하면 이탤릭체를 뜻한다.
이탤릭체

마크다운 언어를 알아야 하는 이유는 챗GPT가 바로 마크다운 언어를 사용하여 결과를 표시할 뿐 아니라 우리가 프롬프트에 사용하는 마크다운 언어도 잘 알아듣기 때문이다. 즉 어떤 텍스트 앞에 #를 붙이면 이를 문단 제목으로 알아들으며, ** 사이에 텍스트를 넣는다면 이것을 강조한다는 뜻으로 받아들인다는 것이다. 마크다운에는 여러 문법이 있지만 이 두 가지만 이해해도 다음의 후카츠식 프롬프트 작성을 더 쉽게 이해할 수 있다.

2) 후카츠식 프롬프트

후카츠는 일본의 프롬프트 엔지니어로서 그가 만들어 낸 챗GPT 프롬프트 구조화 형식을 말한다. 그 형식은 다음과 같다.[1]

```
#Command
You are (역할).
Please output the best (목적) based on the constraints and input statements below.

#Constraints
(제한 조건 내용)

#Input
(명령 내용)

#Output
```

---

1) 출처: 서승완, 프롬프트 엔지니어링 교과서, 애드앤미디어

- \- #Command라고 쓴 부분에는 역할과 전반적인 목적과 명령문을 준다.
- \- Constraint는 '제한 조건'을 뜻하는 단어로서 #Constraints에 제한하고 싶은 내용을 써 주면 된다.
- \- 우리가 보통 생각하는 프롬프트의 내용은 #Input 부분에 써 준다.
- \- #Output 다음에는 아무것도 쓰지 않는다.

예를 들어, '시험을 앞둔 중학교 학생에게 보낼 응원의 마음이 담긴 짧은 문구를 10개 작성해 줘.'라는 내용을 후카츠식으로 구조화를 하면 다음과 같이 작성할 수 있다.

#Command
넌 한국의 중학교 학생 담임이야.
Please output the best result based on the constraints and input statements below.

#Constraints
- 스타일: 친근하고, 다정하게, 반말로
- 길이: 각각 한 문장을 넘지 않게
- 개수: 10개
- 상황: 학생들이 지필고사를 앞두고 있음.

#Input
학생들에게 보낼 응원의 마음이 담긴 문구를 써 줘.

#Output

1. 너희는 할 수 있어, 자신감을 가져!
2. 평소에 열심히 했으니까 좋은 결과 나올 거야.
3. 긴장하지 말고, 침착하게 문제 풀어!
4. 작은 실수도 괜찮아, 끝까지 포기하지 말자!
5. 시험 끝나고 맛있는 거 먹자, 힘내자!
6. 이번 시험은 너희 실력을 보여 줄 기회야!
7. 잘하고 올 거라고 믿어, 파이팅!
8. 집중해서 풀고, 마지막까지 꼼꼼히 확인해!
9. 이번 시험도 즐겁게 생각해, 스트레스받지 말고!
10. 열심히 한 만큼 좋은 결과가 따라올 거야, 자신감을 잃지 마!

후카츠식처럼 구조화를 할 때의 장점은 결과를 다시 활용하여 세밀하게 조정하기(fine-tuning) 좋다는 것이다. 예를 들어, 위 프롬프트를 수능을 앞둔 본인의 반 학생들에게 쓴다고 하면 다음과 같이 조금만 고쳐 쓰면 된다.

#Command
넌 한국의 고등학교 학생 담임이야.
Please output the best result based on the constraints and input statements below.

#Constraints
- 스타일: 친근하고, 다정하게, 반말로
- 길이: 각각 한 문장을 넘지 않게
- 개수: 20개
- 상황: 학생들이 대학 수능을 10일 앞두고 있음.

#Input
학생들에게 보낼 응원의 마음이 담긴 문구를 써 줘.

#Output

1. 우리 반, 이제 곧 있으면 꽃길이다!
2. 남은 10일, 우리 조금만 더 힘내자!
3. 너희를 지금까지 진짜 잘해 왔어, 끝까지 가자!
4. 긴장하지 말고, 지금처럼만 하면 돼!!
5. 수능은 너희들의 빛나는 시작이야.
6. 하루하루 더 나아지는 너희가 자랑스럽다!
7. 딱 10일, 마지막 스퍼트!
8. 우리 반 최고야, 다들 할 수 있어!
9. 노력한 만큼 좋은 결과 나올 거야.
10. 마지막까지 포기하지 말고 가 보자!
11. 수능은 과정일 뿐 너희가 최고야!
12. 남은 시간, 후회 없이 달려 보자!
13. 다 왔어, 조금만 더 힘내자!
14. 자신을 믿고, 끝까지 최선을 다해!
15. 마음 편히, 너희만의 페이스대로 가자.

16. 우리 반이니까, 잘 해낼 거라 믿어!

17. 지금까지 해온 게 빛을 볼 시간이야.

18. 준비한 만큼, 좋은 결과 있을 거야.

19. 할 수 있어, 이미 많이 해왔잖아!

20. 끝까지 함께, 우리 반 파이팅!

본서에서도 후카츠식 프롬프트를 기본으로 사용하되 다음과 같이 한국어를 사용해 후카츠를 상황에 맞춰 응용한 버전을 사용하기도 하였다.

#역할
넌 한국의 고등학교 학생 담임이야.

#명령
학생들에게 보낼 응원의 마음이 담긴 문구를 써 줘.

#제한 조건
- 스타일: 친근하고, 다정하게, 반말로
- 길이: 각각 한 문장을 넘지 않게
- 개수: 20개
- 상황: 학생들이 대학 수능을 10일 앞두고 있음.

#예시
- 남은 10일, 우리 조금만 더 힘 내자!
- 너희를 지금까지 진짜 잘해 왔어, 끝까지 가자!

챗GPT
기본기 갖추기

1. 챗GPT 사용 시 시간을 줄여 주는 단축키

단축키를 사용하면 업무나 수업 준비 시간을 많이 줄일 수 있다. 챗GPT 활용 시 유용한 단축키를 소개한다.

1. 복사/붙여넣기: Ctrl+c/v

아무리 단축키를 모르는 사람이라 할지라도 Ctrl+c(복사), Ctrl+v(붙여넣기)는 다 알 것이다. 하지만 의외로 왼손을 쓰지 않고 마우스 우클릭으로만 쓰는 사람도 있다. 왼손 단축키를 쓰는 것에 비해 시간이 제법 많이 걸린다. 혹여라도 우클릭으로 복붙(복사해 붙이는)하는 습관이 있다면 꼭 왼손으로 단축키를 써서 복붙하는 연습부터 해 보자.

2. '선택하여' 복붙하기: ⊞ +v

Ctrl+v와 다른 점은 직전에 복사한 내용뿐 아니라 윈도우 부팅 후 쭉 복사했던 내용의 목록을 보여 준다는 것이다. 직전에 Ctrl+c 했던 내용이 아니라 그 이전 목록의 내용이 필요할 때 ⊞ +v를 눌러 클립보드의 목록에서 선택하면 된다. 윈도우 10 이후 버전에서만 지원하는 기능이며, 처음 이 키를 눌러 본 사람은 '기록을 표시할 수 없음'이라는 창이 뜨게 되는데, 파란색 '켜기' 버튼을 눌러 기능을 활성화시키면 된다.

3. 윈도우 간 전환: Alt+Tab

여러 개의 창을 이동할 때 작업표시줄에서 마우스로 클릭하는 것보다는 왼손으로 단축키를 쓰는 것이 더 빠르다. 예를 들어, 챗GPT 프롬프트가 긴 경우 메모장에서 프롬프트를 편집하는 게 편한데, 메모장과 챗GPT가 띄워진 브라우저 창을 왔다 갔다 할 때 쓰기 좋다.

4. 반반 화면 분할하기: ⊞ + ←/→

위 경우 alt+tab이 복잡하다면 아예 화면 왼쪽과 오른쪽에 메모장과 챗GPT를 각각 배치해서 작업하는 것도 좋은 방법이다. 현재 선택되어 있는 창에서 윈도우키+← 키를 누르면 정확히 화면의 50% 왼쪽으로 이동하며 다른 창을 클릭하면 나머지 50% 우측으로 이동한다.

5. 메모장 작업표시줄 고정하기

메모장은 긴 챗GPT 프롬프트를 편집할 때 가장 사용하기 쉬운 앱이지만, 윈도우 메모장을 바로 실행할 수 있는 내장 단축키는 없기에, 작업표시줄에 메모장 실행 아이콘을 고정시키는 것을 추천한다. 메모장을 실행 후 메모장의 작업표시줄 부분으로 가서 우클릭을 한 후 '작업표시줄에 고정'을 해 주면 된다.

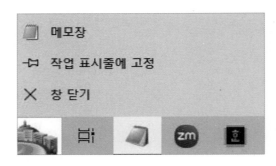

2. 챗GPT 자주 접속할 수 있는 환경 갖추기

챗GPT를 평소에 조금이라도 더 활용하려면 어떤 식으로든 챗GPT를 더 쉽게 쓸 수 있는 환경을 갖추는 것이 중요하다. 이 방법으로 가장 먼저 추천하는 것은 북마크바에 바로가기 추가하기이다.

1. 브라우저 북마크바에 챗GPT 바로 가기 만들기

크롬이든 엣지든 둘 다 주소창 밑에 북마크가 저장되는 막대 부분, 소위 북마크바(bookmark bar)라는 것이 있다. 북마크바가 안 보이는 상태라면 Ctrl+Shift+b를 눌러 보이게 하면 된다.

(북마크바가 안 보이는 상태)

(북마크바가 보이게 한 상태)

다음 단계를 따라서 챗GPT 사이트를 북마크바에 추가해 보자. 다음 그림과 같이 아이콘만 남기면 북마크바 공간을 더 효율적으로 활용할 수 있다.

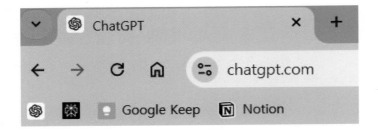

▼ 챗GPT 북마크 추가하기

1 챗GPT 사이트에 접속한
다. (chatgpt.com)

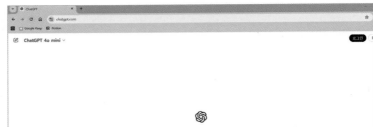

2 주소창 우측 끝에 위치한
별(★)을 눌러 다음과 같은
팝업창이 뜨게 한다. Ctrl+d
를 눌러도 된다.

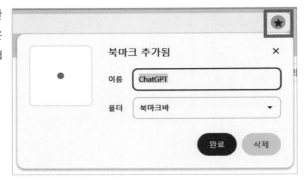

3 팝업창에서 '완료'를 누
르기 전에 Backspace 키나
Del 키를 눌러 '챗GPT'라는
텍스트를 지운 후 엔터키 혹
은 '완료'를 누른다. '폴더'는
'북마크바'를 선택하자.

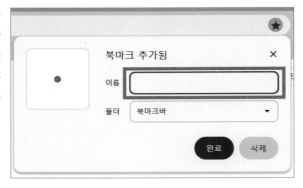

4 그러면 그림과 같이 아이콘만 남게 되는데, 여기서 아이콘을 끌어서 원하는 위치로 옮길 수 있다.

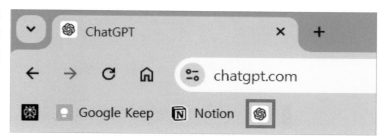

5 북마크바 가장 왼쪽 등 접근이 좋고 잘 보이는 위치로 이동해서 사용하면 된다.

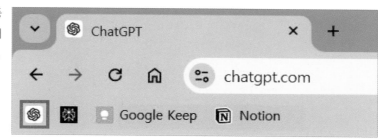

6 혹여라도 이미 챗GPT라는 텍스트와 함께 추가된 상태인 경우 아이콘 위에서 우클릭하고 '수정…'을 선택한다.

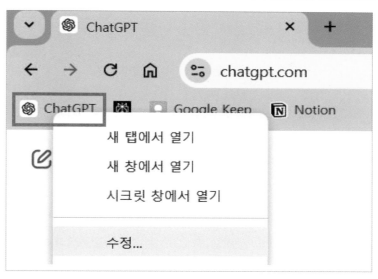

7 이어 뜨는 팝업창에서 **2** 번 단계에서처럼 '이름'인 '챗GPT'를 지우고 '저장' 버튼을 누르면 된다.

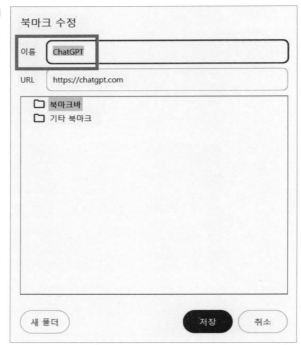

2. 챗GPT 채팅방을 북마크바에 추가하기

자주 사용할 채팅방을 북마크바에 추가하면 잘 설계된 프롬프트에 의해 만들어진 챗GPT를 지속적으로 활용할 수 있다. 시간이 지남에 따라 챗GPT와의 상호 작용을 통해 학습 데이터가 축적되면 채팅방은 점점 사용자 맞춤형 프로그램처럼 진화한다. 그러면 매번 새롭게 프롬프트를 설계하고 상황을 설정할 필요가 없어진다.

채팅방을 북마크에 추가하기 전에 채팅창의 이름을 변경하면 채팅창을 더 쉽게 구분할 수 있다. 이때 이모티콘을 앞에 추가하여 시인성을 높이는 것도 좋은 방법이다. 예를 들어, 업무와 관련된 채팅창은 파란색 하트(♥), 학급 운영은 빨간색 하트(♥), 수업과 관련된 채팅은 노란색 하트(♥)를 사용하여 이름을 지정하면 한눈에 각 채팅방의 목적을 구분하고 유목화할 수 있다.

▼ 챗GPT 채팅방 이름 바꾸기

1 북마크에 추가할 챗GPT
채팅창 옵션을 클릭한다.

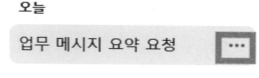

2 '이름 바꾸기'를 클릭하
여 채팅방의 이름을 바꾼다.

채팅창의 이름을 바꾼 후 북마크를 추가하면 채팅창의 이름이 그대로 북마크에 저장된다. 기존에 추가한 북마크 사이트가 많다면 북마크 폴더를 만들어 채팅방을 주제별로 관리할 수 있다. 예를 들어, 업무 관련 채팅방, 학급 운영 채팅방, 수업 준비 채팅방 등으로 폴더를 나누면 관련된 대화방을 한곳에 모아 효율적으로 정리할 수 있다.

주 브라우저로는 '크롬', 챗GPT 전용 브라우저로는 '엣지'를 사용하는 방식도 매우 효율적인 관리 방법이다. 이렇게 하면 챗GPT 관련 북마크는 엣지 브라우저에만 추가하여 다른 작업과 명확히 구분할 수 있다.

▼ 채팅방 북마크하고 정리하기

1 웹페이지를 새로 고침하여 페이지의 이름을 채팅방의 이름으로 바꾼다.

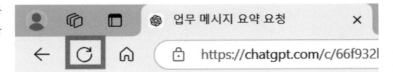

2 채팅창을 북마크에 추가한다.

3 북마크 폴더를 활용해 채팅방을 주제별로 관리할 수 있다.

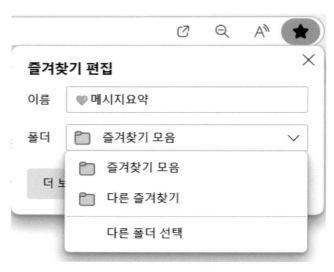

3장

챗GPT로
행정 업무
쉽게 하기

1. 기안하기

교사는 학교에서 수업뿐만 아니라 여러 가지 업무를 수행한다. 특히 업무 담당자로서 공문서 기안을 작성하여 각종 교육 계획을 수립하고 담당 업무를 수행하는 것이 기본적인 역할 중 하나다. 기안자는 공문서 작성의 규칙과 형식을 기억하고 따라야 하는데, 이러한 규칙과 형식을 정확히 지켜 텍스트를 생성하는 일은 챗GPT가 잘하는 일이다. 챗GPT의 도움을 받는다면 교사들은 기안 작성의 부담을 줄이고 형식보다 중요한 업무 자체에 집중할 수 있다. 다음과 같이 프롬프트를 작성한 이후에는 공문서 제목만 입력하면 본문을 자동으로 완성해 줄 것이다.

#역할 부여
너는 학교에서 학생 교육과 관련된 공문서를 작성하는 기안 전문가야.

#명령
학교에서 학생 교육과 관련된 공문서를 작성하는 것을 기안이라고 해. [제목 입력]에 따라, 아래 [예시] 형식에 맞게 제목에 알맞은 기안 공문서를 작성해. 공문서 작성 시 불필요한 내용을 추가하지 말고, 양식을 충실히 따라 줘.
[제목 입력]: <u>2025 SW AI교육의 날 운영을 위한 협의회 개최</u>

#제한 조건
1. 공문서 형식은 반드시 아래 [예시]를 참고할 것.
2. '1. 관련' 부분은 그대로 유지하고, 변경하지 말 것.
3. 불필요한 설명은 배제하고, 공문서 내용만 작성할 것.
4. 이후에는 [제목 입력]만 입력하면 자동으로 공문서를 작성할 것.

[예시1]
제목 입력: 2025 선도학교 보고서 및 정산서 제출
2025 선도학교 보고서 및 정산서 제출

1. 관련: 상산초등학교-7777(2025.7.7.)

2. 2025 선도학교 보고서 및 정산서를 붙임과 같이 제출합니다.

붙임 2025 선도학교 보고서 및 정산서 1부. 끝.

[예시2]

제목 입력: AI 교육 선도학교 비품선정위원회 개최

AI 교육 선도학교 비품선정위원회 개최

1. 관련: 상상초등학교-7777(2025.7.7.)

2. AI 교육 선도학교 비품선정위원회를 아래와 같이 개최합니다.

　　가. 일시: 2025.7.7.(월) 15:00~16:00

　　나. 장소: 교감실

　　다. 참석 인원: 홍길동 외 3인

　　라. 내용: AI 교육 선도학교 비품 선정

붙임 1. AI 교육 비품선정위원회 회의록 1부.

　　2. 등록부 1부. 끝.

2025 SW AI 교육의 날 운영을 위한 협의회 개최

1. 관련: 상상초등학교-7777(2025.7.7.)

2. 2025 SW AI 교육의 날 운영을 위한 협의회를 아래와 같이 개최합니다.

　　가. 일시: 2025.7.7.(월) 15:00~16:00

　　나. 장소: AI 드림센터

　　다. 참석 인원: 홍길동 외 5인

　　라. 내용: 2025 SW AI 교육의 날 운영 준비 및 진행 방안 협의

붙임 1. 협의회 회의록 1부.

　　2. 운영 계획서 1부. 끝.

　이제 제목만 입력하면 챗GPT가 예시 공문서의 패턴을 학습하여 본문 내용을 자동으로 완성할 수 있다.

학교폭력위원회 운영을 위한 협의회 개최

1. 관련: 상상초등학교-7777(2025.7.7.)
2. 학교폭력위원회 운영을 위한 협의회를 아래와 같이 개최합니다.
　가. 일시: 2025.7.7.(월) 15:00~16:30
　나. 장소: 회의실
　다. 참석 인원: 교감 외 4인
　라. 내용: 학교 폭력 예방 및 처리 방안 논의
붙임 1. 학교폭력위원회 협의회 회의록 1부.
　　 2. 관련 참고 자료 1부. 끝.

다만, 줄 바꿈이나 띄어쓰기에 부족한 면이 있을 수 있어 이를 보완하기 위해 추가적인 학습 과정이 필요하다.

해당 채팅방에서 챗GPT에 줄 바꿈과 띄어쓰기 및 세부 내용을 실제 공문서 내용과 학교 상황에 맞게 수정할 수 있도록 학습을 시켜 보자. 예를 들어, 다음과 같은 방식으로 학습할 수 있다:

1. 줄 바꿈과 띄어쓰기: 기존의 예시 내용에 대해 원하는 줄 바꿈과 띄어쓰기 형식을 추가하여 수정한다.
2. 세부 내용 수정: 학교 상황에 맞춘 공문서의 구체적인 표현을 챗GPT에 제공하여, 실제 상황에 맞는 내용을 반영하도록 한다.

이 과정을 통해 챗GPT는 점차 교사의 담당 업무와 학교 공문서 작성에 최적화된 맞춤형 내용을 생성할 수 있게 되며, 반복적인 학습을 통해 더 정확하고 일관된 공문서를 작성하는 데 도움을 줄 수 있다.

2025 SW AI 교육의 날 운영을 위한 협의회 개최

1. 관련: 상상초등학교-7777(2025.7.7.)

2. 2025 SW AI 교육의 날 운영을 위한 협의회를 아래와 같이 개최합니다.
　가. 일시: 2025.7.7.(월) 15:00~16:00
　나. 장소: AI 드림센터
　다. 참석 인원: 홍길동 외 5인
　라. 내용: 2025 SW AI 교육의 날 운영 준비 및 진행 방안 협의

붙임 1. 협의회 회의록 1부.
　　 2. 운영 계획서 1부. 끝.

나는 이렇게 수정했어. 내가 쓴 방식을 잘 기억했다가 다음에 내가 다시 명령하면 그때 잘 반영해 줘. 특히 줄 바꿈, 띄어쓰기에 유의해서 써 줘. 그리고 이제부터 답변에 코드 복사 붙여넣기 기능을 추가해서 넣어 줘.

```plaintext
2025 SW AI교육의 날 운영을 위한 협의회 개최

1. 관련: 상상초등학교-7777(2025.7.7.)

2. 2025 SW AI교육의 날 운영을 위한 협의회를 아래와 같이 개최합니다.
 가. 일시: 2025.7.7.(월) 15:00~16:00
 나. 장소: AI 드림센터
 다. 참석 인원: 홍길동 외 5인
 라. 내용: 2025 SW AI교육의 날 운영 준비 및 진행 방안 협의

붙임 1. 협의회 회의록 1부.
    2. 운영 계획서 1부. 끝.
```

앞으로도 요청 주시면 이 형식과 줄바꿈, 띄어쓰기를 잘 반영하여 작성해드리겠습니다.

　답변의 형식이 회색 음영의 박스 안에 표시가 되었는데 이것이 '코드 복사 붙여넣기' 기능이 구현된 것이다. 이렇게 코드 복사 붙여넣기 모드로 답변을 받으면 줄 바꿈과 띄어쓰기를 더 명확하게 볼 수 있고 내용 복사도 한결 쉬워진다.

　이제 제목만 입력하면, 챗GPT가 기안 예시 내용을 자동으로 작성해 준다. 이를 통해 공문서 작성의 번거로움을 줄일 수 있으며, 필요한 내용과 형식을 지켜 빠르게 업무를 수행할 수 있다. 다만, 자동으로 생성된 기안 예시는 정해진 공문서 패턴을 반영해 임의로 구성되므로 교사들은 세부 내용을 추가하거나 수정하여 공문서를 완성해야 한다.

2. 에듀파인 품의하기

    기안하기 프롬프트를 활용해 자동으로 에듀파인의 품의 본문을 작성해 주는 프롬프트도 설계할 수 있다.

    기안하기 프롬프트와 유사하게 다양한 유형별 품의 사례를 학습시키고 제목만 입력하면 정해진 패턴과 규칙에 따라 본문 내용을 완성할 수 있도록 설정할 수 있다. 다음과 같이 프롬프트를 설계해 보자. 프롬프트의 구조는 앞서 설계한 기안하기의 프롬프트 구조와 흡사하다.

#역할 부여
너는 학교에서 학생 교육과 관련된 품의 공문서를 작성하는 전문가야.

#명령
어떤 물품을 사거나, 협의회비에 필요한 식사, 다과류 구매를 요청하거나, 수당을 지급하기 위한 요청 공문서를 품의라고 해. [제목 입력]에 따라, 아래 [예시] 형식을 참고하여 제목에 알맞은 품의 공문서를 작성해 줘. 공문서 작성 시 불필요한 내용을 추가하지 말고, 양식을 충실히 따라 줘.
[제목 입력]: 2025 AI SW 교육의 날 운영을 위한 협의회 실시

#제한 조건

    1. 품의 공문서 형식은 반드시 아래 [예시]를 참고할 것.
    2. '1. 관련' 부분은 반드시 유지하며, 변경하지 말 것.
    3. 공문서 내용 외 불필요한 설명은 배제하고, 명확하게 작성할 것.
    4. 이후에는 [제목 입력]만 입력하면 자동으로 품의를 작성할 것.

[예시1]
제목 입력: AI 꿈터 구축을 위한 기자재 구매(강연대 외 2종)
AI 꿈터 구축을 위한 기자재 구매(강연대 외 2종)

1. 관련: AI 교육 선도학교 계획서

2. AI 꿈터 구축을 위한 기자재를 아래와 같이 구매하고자 합니다.
    가. 내역: 강연대 외 2종
        ○ 강연대: 400,000원
        ○ 캐비닛: 300,000원
        ○ 진열장(나라장터 물품번호): 700,000원
    나. 용도: AI 꿈터 구축
    다. 소요 예산: 금 1,400,000원
    라. 산출 내역: 품의명세서 참조

붙임 지출(지급)품의서 1부. 끝.

[예시2]
제목 입력: 2025년 디지털 튜터 수당 지급(12월) 및 산재보험
2025년 디지털 튜터 수당 지급(12월) 및 산재보험

1. 관련: 상상초등학교-777(2025.7.7.)

2. 12월 디지털 튜터 관련 수당 및 산재보험 기관 부담금을 아래와 같이 지급하고자 합니다.
    가. 지급 대상: 차은우
    나. 지도 기간: 12월
    다. 소요 예산: 금 966,800원
    라. 산출 내역:
        ○ 수당: 30,000원*32시간=960,000원
        ○ 보험료: 6,800원

※ 사업 완료에 따른 지급조서 별첨

붙임 지출(지급)품의서 1부. 끝.

[예시3]
제목 입력: 디지털 튜터 운영 성과 협의회 실시
디지털 튜터 운영 성과 협의회 실시

1. 관련: 디지털 튜터 운영 계획서

2. 디지털 튜터 운영 성과 관련 협의회를 아래와 같이 실시하고자 합니다.
   가. 일시: 12.4.(월) 17:00~19:00
   나. 장소: 학교 인근 식당
   다. 협의 사항: 2025년 디지털 튜터 운영 성과 반성
   라. 참석자: 박서준 외 4명
   마. 소요 예산: 금 100,000원
   바. 산출 내역: 20,000원 * 5명

붙임 지출(지급)품의서 1부. 끝.

2025 AI SW 교육의 날 운영을 위한 협의회 실시

1. 관련: AI SW 교육 계획서

2. 2025 AI SW 교육의 날 운영 관련 협의회를 아래와 같이 실시하고자 합니다.
   가. 일시: 10월 10일(목) 15:00~17:00
   나. 장소: AI 꿈터 회의실
   다. 협의 사항: SW AI 교육의 날 운영 계획 및 준비 상황 점검
   라. 참석자: 김민수 외 6명
   마. 소요 예산: 금 210,000원
   바. 산출 내역: 30,000원 * 7명

붙임 지출(지급)품의서 1부. 끝.

기안하기와 마찬가지로 완성된 본문 내용의 띄어쓰기, 줄 바꿈, 세부 내용을 수정하여 다시 학습시키는 과정이 필요하다. 더불어 '코드 복사 붙여넣기' 기능을 추가하면 띄어쓰기, 줄 바꿈 등 공문서의 구조를 더 명확히 확인할 수 있다.

2025 AI SW 교육의 날 운영을 위한 협의회 실시

1. 관련: AI SW 교육의 날 운영 계획서

2. 2025 AI SW 교육의 날 운영 관련 협의회를 아래와 같이 실시하고자 합니다.
가. 일시: 10월 10일(목) 15:00~17:00
나. 장소: AI 꿈터 회의실
다. 협의 사항: SW AI 교육의 날 운영 계획 및 준비 상황 점검
라. 참석자: 김민수 외 6명
마. 소요 예산: 금 210,000원
바. 산출 내역: 30,000원 * 7명

붙임 지출(지급)품의서 1부. 끝.

나는 이렇게 수정했어. 내가 쓴 방식을 잘 기억했다가 다음에 내가 다시 명령하면 그때 잘 반영해 줘. 특히 줄 바꿈, 띄어쓰기에 유의해서 써 줘. 그리고 이제부터 답변에 코드 복사 붙여넣기 기능을 추가해서 넣어 줘. 내가 바로 복사할 수 있게.

알겠습니다. 작성하신 방식을 학습해 반영하겠습니다. 앞으로 줄바꿈과 띄어쓰기를 정확히 유지하고, 복사 붙여넣기 기능을 추가해 드리겠습니다.

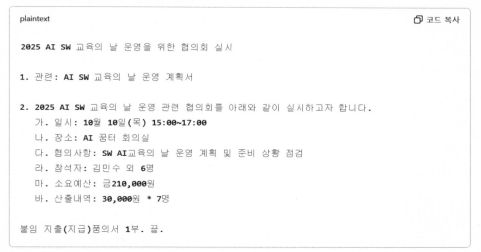

```plaintext                                                    코드 복사
2025 AI SW 교육의 날 운영을 위한 협의회 실시

1. 관련: AI SW 교육의 날 운영 계획서

2. 2025 AI SW 교육의 날 운영 관련 협의회를 아래와 같이 실시하고자 합니다.
   가. 일시: 10월 10일(목) 15:00~17:00
   나. 장소: AI 꿈터 회의실
   다. 협의사항: SW AI교육의 날 운영 계획 및 준비 상황 점검
   라. 참석자: 김민수 외 6명
   마. 소요예산: 금210,000원
   바. 산출내역: 30,000원 * 7명

붙임 지출(지급)품의서 1부. 끝.
```

이제부터 동일한 형식으로 작성해 드리겠습니다.

에듀파인 품의를 작성할 때는 일반 기안과 다르게 추가로 필요한 작업이 있다. 예를 들어, 특정 물품을 구매할 때 학교 계정으로 인터넷 쇼핑몰에 접속해 필요한 물품을 장바구니에 담아 두고 해당 물품의 세부 내역을 '행 추가'하여 품의서에 입력해야 한다.

이 또한 챗GPT를 활용해 물품 세부 내역 입력까지 도움을 받을 수 있다. 먼저 쇼핑몰의 장바구니 데이터를 챗GPT에 제공한 후 이를 품목 내역 표 양식에 맞게 정리하도록 요청하면 된다. 챗GPT는 장바구니 데이터를 바탕으로 물품, 규격, 수량, 단가 항목을 포함한 표를 자동으로 생성해 줄 수 있다.

정리된 표를 복사하여 엑셀 파일로 만들거나 챗GPT에 엑셀 파일 형식으로 생성해 달라고 요청하면, 품의할 때 필요한 물품 내역을 한 번에 추가할 수 있다. 이 과정을 통해 품의 명세서 작성이 훨씬 간편해지고, 구매할 물품의 세부 내역을 일관된 형식으로 추가할 수 있어 품의서 작성의 정확성과 효율성이 크게 향상된다.

> 내가 물품을 사려고 하는 품의를 할 때 제목과 함께 인터넷 쇼핑몰 장바구니에 넣어 둔 물건 목록을 함께 제시할게. 그럼 너는 정해진 양식대로 품의서를 써 주고 바로 이어서 추가해서 내가 사려고 하는 물건을 표로 정리해 줘. 이와 같은 방식으로 1열 내용, 2열 규격, 3열 수량, 4열 예상 단가로 해서 표로 정리해 줘. 물품은 일반적인 물품을 지칭하는 말로 간략하게 써 줘. 그리고 규격도 최대한 간략하게 써 줘. 단가에서 원은 빼 줘. 그리고 원래 단가에서 만 원 단위로 올림하여 써 줘. 이제부터는 제목만 제시하거나 제목과 함께 장바구니 물건 목록만 제시할 거야.

> 알겠습니다. 말씀하신 양식을 학습하여 품의서를 작성하고, 표를 정리해 드리겠습니다. 주어진 제목과 장바구니 목록을 기준으로 간결하게 작성하겠습니다.

▼ 인터넷 쇼핑몰 장바구니에 구매할 물건 추가하기

1 학교 계정으로 로그인하여 필요한 물품을 장바구니에 넣어 둔다.

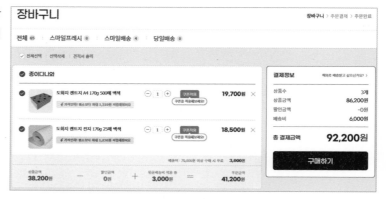

2 장바구니에 넣은 물품 목록을 드래그하여 텍스트를 복사한다.

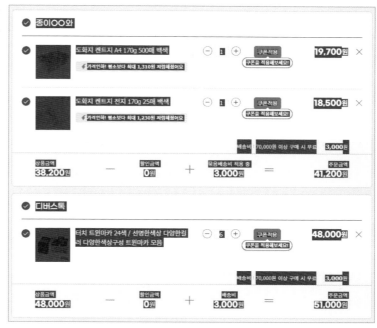

3 챗GPT 품의하기 채팅방에 품의 제목과 함께 장바구니 물품 목록 텍스트를 붙여 넣는다.

창의 미술 학생 동아리 운영을 위한 물품 구매

'종이○○와'로 이동

상품 이미지
구매할 상품 상세 정보
상품명:
도화지 켄트지 A4 170g 500매 백색
상품 수량
1
상품 수 1 증가 상품 수 1 감소
쿠폰을 적용해 보세요!

쿠폰 적용

상품 금액 : 19,700원 상품 삭제

가격 인하! 평소보다 최대 1,310원 저렴해졌어요.

상품 이미지

구매할 상품 상세 정보

상품명:

도화지 켄트지 전지 170g 25매 백색

상품 수량

1

상품 수 1 증가 상품 수 1 감소

쿠폰을 적용해 보세요!

쿠폰 적용

상품 금액 : 18,500원 상품 삭제

가격 인하! 평소보다 최대 1,230원 저렴해졌어요.

배송비 70,000원 이상 구매 시 무료 3,000원

종이○○와에서 담은 장바구니 상품 소계

상품 금액

38,200원 빼기

할인 금액

0원 더하기

묶음 배송비 적용 중

3,000원 계산값은

주문 금액

41,200원

디버스톡으로 이동

상품 이미지

구매할 상품 상세 정보

상품명:

터치 트윈마카 24색 / 선명한 색상 다양한 컬러 다양한 색상 구성 트윈마카 모음

상품 수량

6

상품 수 1 증가 상품 수 1 감소
쿠폰을 적용해 보세요!

쿠폰 적용
상품 금액 : 48,000원 상품 삭제
배송비 70,000원 이상 구매 시 무료 3,000원
디버스톡에서 담은 장바구니 상품 소계
상품 금액
48,000원 빼기
할인 금액
0원 더하기
배송비
3,000원 계산값은
주문 금액
51,000원

```plaintext                                          📋 코드 복사

창의 미술 학생 동아리 운영을 위한 물품 구입

1. 관련 : 창의 미술 동아리 운영 계획서

2. 창의 미술 학생 동아리 운영에 필요한 물품을 아래와 같이 구입하고자 합니다.
   가. 내역 : 도화지 및 마카 세트
   나. 용도 : 학생 동아리 미술 활동 지원
   다. 소요예산 : 금110,000원
   라. 산출내역 : 품의명세서 참조

붙임 지출(지급)품의서 1부. 끝.
```

내용	규격	수량	예상단가
도화지 A4	170g 500매	1	20,000
도화지 전지	170g 25매	1	19,000
트윈마카	24색	6	48,000

간혹 예상 단가 계산에서 오류가 발생할 수 있다. 만약 계산이 맞지 않다면 올바르게 수정을 한 후 예상 단가는 배송비를 포함한 주문 금액을 수량으로 나눈 값이라는 점을 학습시켜 보자.

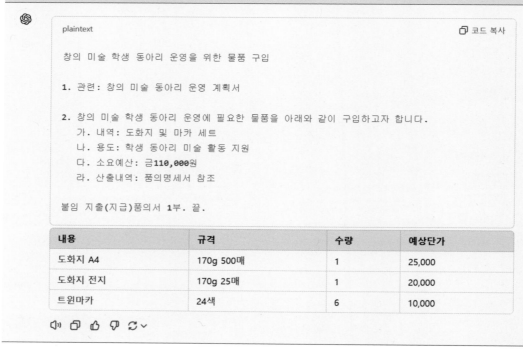

이제 품의 본문의 세부 내용, 줄 바꿈, 띄어쓰기를 꼼꼼히 검토하여 품의서를 완성한다. 더불어 물품 내역을 엑셀 파일로 받아 에듀파인에 품의할 때 그대로 업로드할 수 있다. 이때 주의할 점은 시트 이름을 반드시 '품목 내역'으로 설정해야 한다는 점이다. 시트 이름이 정확히 맞지 않으면, 에듀파인 시스템의 요구 양식과 일치하지 않아 파일을 인식하지 못할 수 있다.

표 부분을 엑셀 파일로 다운로드할 수 있게 해줘. 시트 이름을 품목 내역으로 설정해 줘.

🔵 **표 부분을 엑셀 파일로 저장했습니다. 여기에서 다운로드하세요. [>_]**

   🔊 ⬜ 👍 👎 🔄 ⌄

간혹 엑셀 파일 생성에 실패하고 대신 '엑셀 파일을 만들어 낼 수 있는 파이썬 코드'를 제공하는 경우가 있다. 이럴 때는, 파이썬 코드를 사용해 엑셀 파일을 만드는 것이 더 번거로울 수 있다. 이럴 경우 챗GPT가 정리한 표를 그대로 복사하여 에듀파인에서 받은 품목 내역 양식 엑셀 파일에 붙여넣기를 하는 것이 훨씬 간편할 수 있다.

▼ 에듀파인에 표 첨부하기

1 에듀파인 품의 등록에서 파일 업로드 버튼을 클릭한다.

2 엑셀 서식 버튼을 클릭하여 품목 내역 엑셀 업로드 양식을 다운로드한다.

3 챗GPT가 응답한 표 부분을 복사한다.

내용	규격	수량	예상단가
도화지 A4	170g 500매	1	25,000
도화지 전지	170g 25매	1	20,000
트윈마카	24색	6	10,000

4 품목 내역 업로드 양식 엑셀 파일에 붙여넣기 한다.

	A	B	C	D
1	내용	규격	수량	예상단가
2	도화지 A4	170g 500매	1	25,000
3	도화지 전지	170g 25매	1	20,000
4	트윈마카	24색	6	10,000

5 파일 업로드 버튼을 클릭하여 품목 내역 엑셀 파일을 업로드한다.

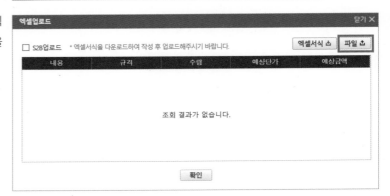

6 확인 버튼을 클릭하여 업로드한 품목 내역을 품의 명세서에 추가한다.

이제 채팅방에 품의 제목만 입력하면, 챗GPT가 자동으로 본문 내용과 품목 내역표를 완성해 주도록 명령을 주자. 매번 품의서를 작성할 때마다 반복되는 작업을 줄여 시간을 절약할 수 있고 일관된 양식을 유지할 수 있어 업무의 정확성과 신속성을 높일 수 있다.

이제 항상 품의서, 물품 내역 목록표 순으로 응답을 해줘. 단, 내가 장바구니에 있는 물품을 제시하거나 어떤 물품을 사려고 하는 품의를 했을 때만 구매 물품 목록표를 함께 써 줘.

알겠습니다. 품의서와 물품 내역 목록표를 항상 순서대로 작성해 드리겠습니다. 장바구니에 있는 물품을 제시하시거나 물품 구매 관련 품의를 요청하실 때만 구매 물품 목록표를 추가하겠습니다.

3. PDF 내용 요약하기

　행정 업무를 하다 보면 수많은 PDF 파일을 받게 된다. PDF마다 어떤 내용인지 다 숙지하고 있으면 좋겠지만 현실적으로 그렇게 하기엔 무리가 있다. 이럴 때 챗GPT의 PDF 요약 기능을 활용하면 된다. PDF를 업로드하면서 간단한 프롬프트를 제시하면 중요한 내용을 정리해 주기 때문에 내용을 쉽게 파악할 수 있다.

▼ PDF 내용 요약하기

1 프롬프트 옆에 있는 클립 모양을 클릭한 후 PDF를 업로드한다.

(파일을 직접 드래그-드롭하는 방식으로도 업로드 가능하다.)

2 프롬프트를 작성한다.

3 좌측에 있는 로딩창이 다 찰 때까지 기다린다. 파일 업로드가 끝나면 오른쪽 화살표가 검은색으로 바뀐다.

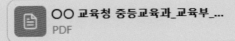

다음 파일의 내용을 요약해줘.

"선생님을 위한 교육 활동 보호 핸드북"의 내용은 다음과 같이 요약할 수 있습니다:

1. 교육 활동 보호의 필요성
 - 교사들이 안전하고 안정적인 환경에서 교육 활동을 수행할 수 있도록 법적, 제도적 보호가 필요함을 강조합니다. 교사 보호는 학생들의 학습 환경 개선과도 직결됩니다.

2. 교사의 법적 권리와 보호 조치
 - 교사가 교육 활동 중 겪을 수 있는 부당한 대우, 폭언, 폭행 등을 방지하기 위한 법적 보호 조치와 대처 방법을 상세히 설명합니다. 또한, 이러한 상황에서 교사가 받을 수 있는 법적 도움과 지원 절차를 명시합니다.

3. 갈등 예방 및 해결 방안
 - 학생 및 학부모와의 갈등 상황을 예방하고, 문제가 발생했을 때 해결할 수 있는 구체적인 방안을 제공합니다. 이를 통해 교사가 교육 과정에서 발생할 수 있는 어려운 상황에 대비할 수 있습니다.

4. 지원 체계
 - 교사들이 필요할 때 도움을 받을 수 있는 기관과 서비스, 예를 들어 심리적 지원, 상담 서비스, 법률 지원 등의 정보를 제공합니다. 이는 교사들이 스트레스 관리와 갈등 해결에 필요한 실질적인 도움을 받을 수 있도록 하기 위함입니다.

5. 사례 중심의 실용적 가이드
 - 실제 교육 현장에서 발생할 수 있는 다양한 문제 상황에 대해 구체적인 사례를 제시하고, 이에 대한 대응 방법과 해결책을 안내합니다.

이 핸드북은 교사들이 교육 활동 중 안전하게 업무를 수행하고, 불필요한 갈등을 예방하며, 발생한 문제를 효과적으로 해결할 수 있도록 돕는 중요한 지침서입니다.

모든 내용을 자세히 파악할 수는 없지만, 대략적으로 PDF의 내용을 파악할 수 있다는 점에서 효과적으로 활용할 수 있다.

4. PDF에서 내용 찾기

학교 업무를 처리하다 보면 담당하는 행정 업무 외에도 다양한 지침을 숙지해야 하는데, 이 지침은 주로 PDF 형식으로 배포된다. PDF의 많은 페이지 중 특정 내용에 대해서 정리하려 할 때 다음과 같은 방식으로 할 수 있다.

▼ PDF에서 내용 찾기>

1 프롬프트 옆에 있는 클립 모양을 클릭한 후 '컴퓨터에서 업로드'를 눌러 PDF를 업로드한다.

(파일을 직접 드래그-드롭하는 방식으로도 업로드 가능하다.)

2 프롬프트를 작성한다.

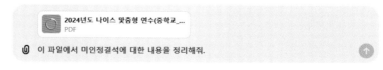

3 좌측에 있는 로딩창이 다 찰 때까지 기다린다. 파일 업로드가 끝나면 오른쪽 화살표가 검은색으로 바뀐다.

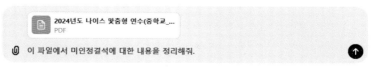

2024년도 나이스 맞춤형 연수(중학교_...
PDF

이 파일에서 미인정결석에 대한 내용을 정리해줘.

미인정결석에 대한 내용은 다음과 같이 정리할 수 있습니다:

미인정결석 학생 등록 절차

1. **미인정결석 학생 등록**: 장기 미인정결석 학생이 발생하면, 해당 학생을 나이스 시스템에 등록하고, 이를 학교의 미인정결석 관리 담당자에게 보고해야 합니다.
   - 메뉴 경로: [학적-미인정결석학생관리-미인정결석학생관리]
   - 학생을 조회하여 "최초 미인정결석 일자"를 입력하고, 미인정결석 정보를 등록합니다.

2. **미인정결석 학생 보고**: 담임교사가 미인정결석 학생을 등록한 후, 보고 기능을 통해 미인정결석 관리 담당자에게 해당 사항을 보고합니다. 관리 담당자는 교육지원청에 이를 보고합니다.
   - 관리자는 [장학-학업중단위기학생관리]에서 교육지원청에 최종 보고를 완료해야 합니다.

3. **복귀 처리**: 미인정결석으로 등록된 학생이 등교할 경우, 나이스 시스템에서 해당 학생의 복귀일자를 입력하고 이를 저장하여 복귀 처리를 진행합니다.

4. **집중 관리 대상 학생**: 만약 해당 학생이 집중 관리 대상이라면, "집중관리대상여부"를 선택하여 집중 관리 카드도 함께 작성해야 합니다.

이 절차에 따라, 학교에서는 미인정결석 학생들을 체계적으로 관리하고, 교육청에 보고하게 됩니다 (2024년도 나이스 맞춤형 연수(중학교_담...).

PDF 파일에 있는 내용을 빠르게 찾아주기 때문에 PDF 메뉴얼의 특정 내용을 정리하여 전달 연수를 하거나 헷갈리는 내용을 찾을 때 유용하게 활용할 수 있다.

5. PDF 내용 기반으로 대화하기

PDF 파일에서 내용을 요약하거나 키워드를 찾는 것도 가능하지만 구체적인 내용에 대한 질문을 하는 것 또한 가능하다. 위와 동일한 방식으로 파일을 업로드한 후 다음과 같은 프롬프트를 제시하면 된다.

 2024년도 나이스 맞춤형 연수(중학교_...
PDF

학생이 미인정결석할 때 취할 수 있는 조치에 대해 알려줘. 몇 페이지에 있는지도 알려줘.

학생의 미인정결석 시 취할 수 있는 조치 사항은 다음과 같습니다:

1. **미인정결석 등록**
   - 담임교사는 [학적-미인정결석학생관리-미인정결석학생관리] 메뉴에서 결석일자를 조회 및 등록할 수 있습니다. 이는 해당 학생의 최초 미인정결석일자를 등록하여 학교 미인정결석 관리 담당자에게 보고할 수 있도록 합니다(2024년도 나이스 맞춤형 연수(중학교_담...).

2. **미인정결석 보고**
   - 보고된 학생은 미인정결석 관리 담당자가 교육지원청에 제출할 수 있으며, 복귀 시에는 복귀일자 등록으로 관리됩니다(2024년도 나이스 맞춤형 연수(중학교_담...).

3. **복귀 관리 및 집중 관리**
   - 미인정결석 학생이 등교 시 복귀일자를 등록하고, 장기 결석자는 집중 관리 대상으로 지정할 수 있으며, 필요시 관리카드를 작성해 지속적으로 추적합니다
   (2024년도 나이스 맞춤형 연수(중학교_담...).

이 내용은 문서의 51~53페이지에 걸쳐 설명되어 있습니다.

PDF 파일 전체를 읽지 않아도 원하는 내용을 파일에서 찾아주고 몇 페이지에 있는 내용인지도 알려 주기 때문에 많은 시간을 절약할 수 있다. 멀티턴 방식으로 챗GPT를 활용하는 좋은 예라 할 수 있다.

6. 가정통신문 작성하기

학교에선 학부모에게 중요한 정보나 안내 사항을 전달하기 위해 가정통신문을 작성한다. 가정통신문은 간결하면서도 명확하게 작성해야 하는데, 간단한 프롬프트만으로도 편리하게 가정통신문 내용을 생성할 수 있다.

#역할
너는 30년 경력의 한국 중학교 교사야

#명령
학부모에게 보낼 가정통신문을 작성해 줘

#제한 조건
1. 주제: 딥페이크 예방
2. 500자 이내로 작성해 줘
3. 하나의 자연스러운 문단으로 작성해 줘
4. 진지하고 신뢰감이 있는 말투를 사용해 줘

[가정통신문] 딥페이크 피해 예방을 위한 안내

존경하는 학부모님께,
안녕하십니까? 학생들의 안전과 건강한 성장에 깊은 관심을 가지고 함께해 주셔서 감사드립니다. 최근 급속히 확산하고 있는 딥페이크 기술은 사실과 다른 영상 및 음성 자료를 만들어 개인의 명예와 사생활을 침해할 수 있는 심각한 문제를 초래하고 있습니다. 특히 청소년들이 이러한 기술의 피해자가 되거나 잘못된 정보를 유포하는 가해자가 될 가능성이 있어 각별한 주의가 필요합니다. 이에 학교에서는 딥페이크의 위험성과 올바른 디지털 윤리의식을 교육하며, 피해를 방지하기 위한 예방책을 지도하고자 합니다. 가정에서도 자녀들과 함께 딥페이크의 위험성을 인지하고, 인터넷과 소셜미디어를 올바르게 사용하는 방법을 상의해 주시기를 부탁드립니다. 언제나 자녀들이 안전하고 행복하게 성장할 수 있도록 학부모님들의 적극적인 관심과 협조를 부탁드립니다. 감사합니다.

서울 ○○중학교 교장 드림

#역할
너는 30년 경력의 한국 중학교 교사야

#명령
학부모에게 보낼 가정통신문을 작성해 줘

#제한 조건
1. 주제: 백일해 예방
2. 500자 이내로 작성해 줘
3. 하나의 자연스러운 문단으로 작성해 줘
4. 진지하고 신뢰감이 있는 말투를 사용해 줘

[가정통신문] 백일해 예방을 위한 안내

존경하는 학부모님께
안녕하십니까? 항상 자녀들의 건강하고 행복한 학교생활을 위해 협력해 주시는 학부모님들께 감사드립니다. 최근 백일해 감염 사례가 증가하면서 학생들의 건강을 위협하는 우려가 커지고 있습니다. 백일해는 전염성이 강한 호흡기 질환으로, 초기에는 감기와 비슷한 증상을 보이다가 심한 기침이 지속될 수 있어 빠른 예방과 관리가 중요합니다. 이를 예방하기 위해 자녀의 예방 접종 상태를 확인하시고, 이상 증상이 나타날 경우 즉시 의료기관을 방문하여 적절한 조치를 취해 주시기 바랍니다. 학교에서도 철저한 위생 관리와 더불어 관련 증상에 대한 관찰을 강화하며, 감염병 확산 방지에 최선을 다하고자 합니다. 학부모님들의 지속적인 관심과 협조를 부탁드리며, 가정에서도 자녀의 건강 상태를 주의 깊게 살펴 주시기를 당부드립니다. 감사합니다.

서울 ○○중학교 교장 드림

이뿐만 아니라 학사 일정, 교내 행사, 방과 후 프로그램 안내 등 중요한 사항을 전달할 때 챗GPT를 활용할 수 있다.

7. 보도 자료 만들기

때때로 학교에서 일어나는 중요한 행사나 성과를 대외적으로 알리기 위해서는 보도 자료를 작성하기도 한다. 예를 들어, 학교에서 특색 있는 교육 프로그램이나 혁신적인 교육을 도입했을 때 그 효과와 특징을 보도 자료로 대중에게 알리기도 하고, 큰 규모의 행사를 개최하는 경우 지역 언론이나 교육청에 행사 내용을 소개하고 지역 사회와 학부모를 초청할 수 있다. 평상시 보도 자료를 작성할 기회가 흔하지 않아 생소하지만 챗GPT의 도움을 받아 쉽게 작성해 보자.

#역할
너는 30년 경력의 한국 중학교 교사야

#명령
신문 보도 자료를 만들어 줘.

#제한 조건
1. 주제: 프랑스 학교와의 국제 공동 수업을 통한 활발한 문화 교류
2. 학교 이름: 실전중학교

실전중학교, 프랑스와 손잡고 활발한 문화 교류 펼쳐

국제 공동 수업 통해 세계 시민으로 성장하다
서울특별시 실전중학교(교장 홍길동)는 프랑스 파리의 명문 학교와 손잡고 국제 공동 수업을 성공적으로 진행하며 학생들에게 글로벌 학습 경험과 문화 교류의 장을 제공하고 있다. 이번 국제 공동 수업은 양국 학생들이 영어를 중심으로 서로의 문화, 역사, 예술을 공유하고 토론하며 상호 이해를 넓히는 데 중점을 두었다.

글로벌 감각을 키우는 실전적 학습 경험

이번 프로젝트는 학생들이 각자 제작한 '우리 학교 소개 영상'을 공유하는 것을 시작으로, 팀별로 '한불 문화의 공통점과 차이점'을 주제로 한 발표를 함께 준비하는 방식으로 이루어졌다. 온라인 화상 회의와 이메일을 통해 지속적으로 소통한 결과, 학생들은 다양한 관점을 이해하고 존중하며 협력의 중요성을 몸소 체험했다.

프로젝트에 참여한 실전중학교 2학년 김다은 학생은 "프랑스 친구들과 대화하면서 우리나라 문화를 새롭게 알릴 수 있어 뿌듯했고, 그들의 생활을 들으며 서로 다른 문화를 이해하는 법을 배웠다"라고 소감을 전했다.

새로운 배움, 풍성해지는 문화적 경험

실전중학교 영어 교사 이민정(30년 경력)은 "학생들이 국제적인 시각으로 문제를 바라보는 법을 배웠다는 점에서 이번 공동 수업은 성공적이었다. 특히 프랑스 학생들과의 협업을 통해 언어적, 문화적 역량이 크게 성장했다는 점이 고무적이다"라고 말했다.

이 외에도 실전중학교는 프랑스 학교와의 파트너십을 바탕으로 다양한 활동을 계획하고 있다. 대표적으로, 양국 전통 요리를 함께 배우는 온라인 쿠킹 클래스와 문화 교류 캠프를 내년 중으로 추진할 예정이다.

실전중학교, 글로벌 시대를 선도하다

실전중학교는 이번 국제 공동 수업을 통해 단순히 학업적 성과를 넘어 학생들에게 세계 시민으로 성장할 수 있는 발판을 마련했다. 이러한 노력이 더 많은 학생에게 영감을 주고, 다양한 문화적 배경을 이해하며 세계와 소통할 수 있는 인재로 성장시키는 밑거름이 될 것으로 기대된다.

이번 프로젝트를 계기로 실전중학교는 글로벌 교육의 선두 주자로서 지속적으로 새로운 도전을 이어갈 계획이다.

보도 자료는 학교의 성과나 특별한 활동을 대외적으로 알리고, 지역사회와 협력하는 데 중요한 역할을 한다. 구체적인 내용을 프롬프트로 제시하면 형식에 맞는 보도 자료를 쉽게 완성할 수 있다.

8. 업무 메시지 요약 및 답장하기

교사는 하루에도 수십 건씩 업무와 관련된 메시지를 주고받는다. 학교의 각종 업무를 수행해 내기 위해서는 동료 교직원이 보낸 업무 메시지의 요지를 정확하게 이해하고 업무를 수행해야 한다. 즉 업무의 효율성을 높이기 위해서는 명확하고 간략한 메시지 요약이 필수이다. 특히 동료들이 보낸 장황한 업무 메시지를 빠르고 정확하게 요약해 내는 것은 시간 절약과 업무 효율성 증대에 큰 도움이 된다. 챗GPT는 이러한 텍스트 요약 작업에 최적화된 도구이다. 예를 들어, 다음과 같은 업무 메시지를 받았다고 가정해 보자.

[업무 메시지]

안녕하세요, 선생님. 요즘 날씨가 점점 따뜻해지면서 새 학기를 맞이하는 학생들과 선생님들 모두 바쁜 시간을 보내고 계시리라 생각합니다. 그동안 많은 업무와 교육 활동으로 인해 피로가 누적되셨을 텐데, 건강은 잘 챙기고 계시는지요? 특히 체육 행사의 성공적인 운영을 위해 많은 준비와 노력을 해 주신 것에 대해 다시 한번 깊은 감사의 말씀을 드립니다. 덕분에 우리 학교의 체육 행사 운영 계획이 차질 없이 완성될 수 있었습니다.

이번에 완성된 계획서를 통해 행사를 원활하게 운영할 수 있는 기반이 마련되었지만, 그 과정에서 선생님들의 협조와 지혜가 무엇보다도 중요하다는 것을 느꼈습니다. 이제 다음 단계로 넘어가 동 학년 선생님과 상의하신 후, 4월 1일까지 필요 물품 및 행사 종목에 대한 계획서를 한글 파일로 작성하여 제출해 주시기를 부탁드리고자 합니다. 계획서가 완성되면 각 업무 담당자와 함께 4월 8일 오후 3시에 교무실에서 회의를 진행할 예정입니다. 이 회의를 통해 더욱 세부적인 사항들을 논의하고 행사가 원활하게 진행될 수 있도록 준비하려고 합니다.

앞으로도 체육 행사 운영 및 체육 수업을 지원하는 데 있어 선생님의 지속적인 관심과 참여를 간곡히 부탁드립니다. 체육 행사가 성공적으로 이루어질 수 있도록 저도 최선을 다하겠습니다. 선생님께서 항상 건강하시고, 모든 일이 순조롭게 진행되시길 기원합니다. 바쁘신 와중에도 많은 협조 부탁드리며, 다시 한번 깊은 감사의 말씀을 전합니다.

감사합니다.

체육 행사 협조를 구하는 업무 메시지이다. 이 메시지는 인사말부터 마지막 인사말까지 간곡한 표현을 사용하여 선생님들의 협조를 구하는 내용이 잘 서술되어 있다. 그러나 메시지가 너무 장황하게 작성되어 실제로 요청하는 핵심 사항이나 행사를 추진하기 위해 꼭 해야 할 일들이 명확하게 드러나지 않는다.

이러한 메시지를 받았을 때, 챗GPT를 활용하면 메시지의 핵심 내용을 효과적으로 간추릴 수 있다. 특히 챗GPT는 방대한 텍스트에서 필수적인 정보를 잘 추출하므로, 긴 메시지에서도 실질적으로 필요한 부분을 빠르게 확인하고, 효율적으로 업무를 추진할 수 있다.

챗GPT에 다음과 같이 명령해 보자.

#역할 부여
너는 업무 관리 및 정리 전문가야.

#명령
내 동료가 보낸 업무 메시지를 읽고, 1. 내가 할 일, 2. 기간, 3. 자료 제출 방법 4. 회의 장소 등 내가 꼭 알아야 할 일을 개조식으로 요약해서 정리해 줘.
[업무 메시지]: (업무 메시지 내용 붙여넣기)

#제한 조건
　1. 각 항목은 개조식으로 작성하며, 종결형은 ~함, ~임, ~음 명사형으로 간략하게 작성할 것.
　2. 메시지가 여러 개일 경우, 각각의 메시지를 따로 요약하고, 항목별로 정리할 것.

네, 그렇게 정리해 드릴 수 있습니다. 업무 메시지를 보내 주시면 제가 할 일을 간략하게 요약해 드릴게요.

이제 앞에서 살펴본 업무 메시지를 그대로 복사해서 넣어 보자.

요약

1. 할 일: 4월 1일까지 필요 물품 및 행사 종목에 대한 계획서 작성 후 제출함.
2. 기간: 4월 1일까지 계획서 제출, 4월 8일 오후 3시에 회의 진행함.
3. 자료 제출 방법: 한글 파일로 작성하여 제출함.
4. 회의 장소: 교무실

이렇게 챗GPT를 활용하면, 메시지의 핵심만 요약된 내용을 쉽게 확인할 수 있다. 챗GPT는 이처럼 업무 메시지를 효율적으로 요약함으로써 전체적인 업무의 효율성을 크게 향상할 수 있는 도구다.

만약 동시에 여러 개의 메시지를 요약하고 싶다면, 다음과 같이 추가 명령해 보자.

> 내가 여러 메시지를 제시하면 각각의 메시지를 같은 방법으로 요약해 줘. 메시지 사이 구분은 &으로 할게.

> 알겠습니다. 메시지를 여러 개 보내 주시면 & 기호로 구분하여 요약해 드리겠습니다. 언제든지 보내 주세요!

이렇게 요청하면, 챗GPT는 각 메시지의 핵심 내용을 간결하게 정리하여 한눈에 볼 수 있도록 요약해 준다. 이 방법은 많은 메시지를 동시에 처리해야 할 때 특히 유용하며 시간과 노력을 절약하는 데 큰 도움이 된다.

업무 메시지 요약에 더해 챗GPT는 답장 작성까지 도울 수 있다. 다음과 같이 추가 명령을 해 보자.

> 이제 메시지를 주면 항상 먼저 요약해 주고 그다음 답장을 대신 써 줘. 답장 부분은 코드 복사 기능을 넣어 줘. 그리고 답장에 들어갈 추가 내용이 있다면 #을 써서 말할게.

> 알겠습니다! 앞으로 메시지를 주시면 먼저 요약해 드리고, 그 후에 답장을 작성해 드리겠습니다. 답장에 필요한 추가 내용이 있다면 #으로 알려주세요. 준비되시면 언제든지 메시지를 보내 주세요!

챗GPT는 업무 메시지의 핵심 내용과 상황에 맞는 답변을 작성해 준다. 이는 업무 효율성을 높이는 것뿐만 아니라 동료들 사이의 관계 개선에도 도움이 된다. 신속하고 핵심을 파악하는 명확한 답장을 통해 소통이 원활해지면 오해나 혼동을 줄이고 협업의 질이 향상된다.

다시 앞서 받아 보았던 업무 메시지를 복사해서 넣고 원하는 답장을 받아 보자.

안녕하세요, 선생님. 요즘 날씨가 점점 따뜻해지면서 새 학기를 맞이하는 학생들과 선생님들 모두 바쁜 시간을 보내고 계시리라 생각합니다. 그동안 많은 업무와 교육 활동으로 인해 피로가 누적되셨을 텐데, 건강은 잘 챙기고 계시는지요? 특히, 체육 행사의 성공적인 운영을 위해 많은 준비와 노력을 해 주신 것에 대해 다시 한번 깊은 감사의 말씀을 드립니다. 덕분에 우리 학교의 체육 행사 운영 계획이 차질 없이 완성될 수 있었습니다.

이번에 완성된 계획서를 통해 행사를 원활하게 운영할 수 있는 기반이 마련되었지만, 그 과정에서 선생님들의 협조와 지혜가 무엇보다도 중요하다는 것을 느꼈습니다. 이제 다음 단계로 넘어가 동 학년 선생님과 상의하신 후, 4월 1일까지 필요 물품 및 행사 종목에 대한 계획서를 한글 파일로 작성하여 제출해 주시기를 부탁드리고자 합니다. 계획서가 완성되면 각 업무 담당자와 함께 4월 8일 오후 3시에 교무실에서 회의를 진행할 예정입니다. 이 회의를 통해 더욱 세부적인 사항들을 논의하고 행사가 원활하게 진행될 수 있도록 준비하려고 합니다.

#사업 추진하시느라 고생이 많음
#기간에 맞추어 계획서 제출하고 회의에 참석하겠음

요약

1. **할 일**: 동학년 선생님과 상의 후 4월 1일까지 필요 물품 및 행사 종목에 대한 계획서 작성 후 제출함.
2. **기간**: 4월 1일까지 계획서 제출, 4월 8일 오후 3시에 회의 진행함.
3. **자료 제출 방법**: 한글 파일로 작성하여 제출함.
4. **회의 장소**: 교무실.

답장

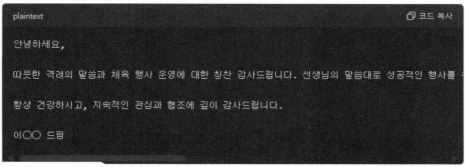

안녕하세요,

따뜻한 격려의 말씀과 체육 행사 운영에 대한 칭찬 감사드립니다. 선생님의 말씀대로 성공적인 행사를

항상 건강하시고, 지속적인 관심과 협조에 깊이 감사드립니다.

이○○ 드림

요약된 내용과 답장 생성까지 동시에 두 가지 작업을 자동화된 것을 확인할 수 있다. 이제 '코드 복사' 버튼을 눌러 답장 메시지를 사용할 수 있다. 만약 챗GPT로 생성한 답장 메시지를 자기만의 스타일로 수정하여 사용했다면, 수정한 내용을 챗GPT와 공유함으로써 자신의 어체나 말투를 학습시킬 수 있다. 이렇게 하면 챗GPT는 점점 더 사용자의 개인적인 스타일과 일치하는 메시지를 생성하게 된다.

나는 네가 추천해 준 답장을 참고해서 아래와 같이 수정했어. 이게 내 말투야. 내가 쓰는 어체와 내용, 글을 쓸 때 습관들을 잘 기억했다가 다음에 네가 다시 응답할 때 잘 반영해 줘. 그러니까 너는 앞으로 나를 계속 닮아 가면 좋겠어. 나를 학습해. 이제부터 내가 마지막에 "학습해"라고 말하면 말 그대로 나를 학습해 나가면 되는 거야.

안녕하세요, 선생님.
따뜻한 격려의 말씀과 체육 행사 운영에 대한 칭찬 감사드립니다.
선생님의 말씀대로 성공적인 행사를 위해 계속 노력하겠습니다.
동 학년 선생님들과 상의하여 계획서를 4월 1일까지 제출하도록 하겠으며,
4월 8일 회의에도 참석해 더 세부적인 준비를 진행하겠습니다.
항상 건강하시고, 협조 부탁할 사항 있으시면 언제든지 연락 주세요.

이상경 드림.

알겠습니다. 앞으로는 사용자의 어체와 글쓰기 습관을 잘 반영해 응답하겠습니다. "학습해"라고 하시면 계속해서 스타일을 더 잘 반영하도록 학습하겠습니다. 언제든지 말씀해 주세요!

이제부터 수정한 메시지를 그대로 챗GPT에 복사해서 넣은 다음, 마지막에 "학습해"라고 말하면, 챗GPT는 사용자의 어체와 말투를 그대로 학습해 나가게 된다. 이 방법을 통해 챗GPT는 점점 더 사용자 특유의 스타일에 맞춘 응답을 생성할 수 있게 되며 사용자와의 소통이 더욱 자연스럽고 일관되게 된다.

크롬 확장 프로그램을 사용하여 답장을 더 간편하게 생성하는 방법도 있다. 다음의 확장 프로그램을 설치하면 답장하기 아이콘을 활용해 클릭 몇 번만으로 Gmail에 대한 답장을 만들어 낼 수 있어 효율적으로 업무 관련 소통을 해낼 수 있다.

▼ ChatGPT Writer 설치, 사용하기

1 크롬 웹스토어에서 ChatGPT Writer를 검색한다.

2 'Chrome에 추가' 버튼을 클릭하여 ChatGPT Writer 확장 프로그램을 설치한다.

3 구글 Gmail에서 답장을 하거나 메일을 작성할 때 '번개' 모양의 버튼을 클릭한다.

4 '비행기' 모양의 버튼을 클릭하여 답장을 생성한다.

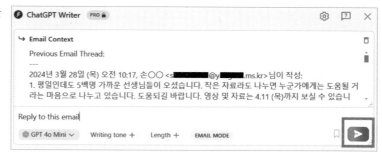

⑤ '아래 화살표' 모양의 버튼을 클릭하여 생성한 내용을 답장 메일 입력창에 입력한다.

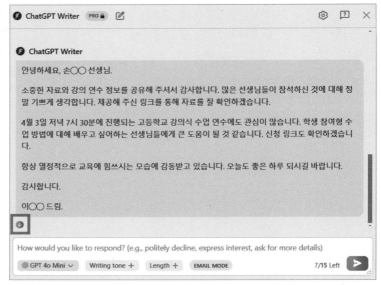

다만, 이 확장 프로그램은 내가 만들어 낸 챗GPT 채팅방과 다르게 사용자의 어체와 말투를 학습하는 기능이 없다는 단점이 있다. 따라서 정형화된 답장보다는 개인의 스타일과 맞춤형 표현이 중요한 경우에는 한계를 가질 수 있다. 간단한 답장이 필요한 상황에서는 크롬 확장 프로그램을 활용하고, 보다 정교하고 개인화된 답장이 필요한 경우에는 챗GPT와의 협업을 통해 보완하는 방식이 가장 효율적이다.

9. GPTs 캘린더 쓰기

매월 말이 되면 다음 달 학교 전체 행사를 담은 월중 계획을 받게 된다. 하지만 이 계획은 작은 글자로 빼곡하게 작성되어 있어 읽기가 힘들고, 나와 관련된 내용을 찾기가 어렵다.

챗GPT를 사용하면 이 복잡한 월중 계획에서 내가 신경 써야 할 내용만 바로 추출할 수 있다. 필요한 행사나 업무만 빠르게 확인할 수 있어, 시간을 절약하고 업무 효율성을 높이는 데 큰 도움이 된다. 챗GPT는 월중 계획에서 중요한 정보를 간결하게 정리해 주어, 내가 알아야 할 사항을 놓치지 않도록 도와준다. 챗GPT에 이렇게 명령해 보자.

#역할
너는 월중 계획에서 필요한 정보를 추출해 정리하는 전문가야.

#명령
주어진 [월중 계획] 일정에서 4학년, 4-1, 4학년 1반, 전 교직원에 해당되는 일정만 추출하여, 다음 [양식]에 맞게 정리해 줘.

[양식]
날짜: 일정 명(시간, 장소)

[월중 계획]: (월중 계획 내용)

#제한 조건
　　1. 4학년, 4-1, 4학년 1반, 전 교직원과 관련된 일정만 포함할 것.
　　2. 시간과 장소는 명시된 경우에만 추가할 것.
　　3. 양식에 따라 날짜와 일정 명을 정확히 정리할 것.

[월중 계획]을 입력하면 다음의 [양식]에 맞게 정리하겠습니다. 아래에 [월중 계획] 내용을 입력해 주세요.

이제 월중 계획을 입력해 보자. 월중 계획을 파일로 받은 후, 그 내용을 그대로 복사해 붙여 넣거나 PDF 파일로 변환해 첨부파일로 업로드한다. 그러면 챗GPT가 이를 분석해 나에게 필요한 정보만 추출해 줄 것이다.

[월중 계획]
2025년 3월

3일 (월)
- 시업식, 입학식
- 재적수 확인
- 학생 명부 작성 및 배부
- 교실 환경 정비
- 학급 규칙 안내

4일 (화)
- 방과 후 학교 안내 및 시작

5일 (수)
- 학급 임원 선거

7일 (금)
- 기획회의 (9:00)
- 주간 안전 교육 실시

10일 (월)
- 주간 안전의 날 (수업 전 5분 안전 교육)
- 학습 진단 활동

14일 (금)
- 학업 성취도 평가 준비

18일 (화)
- 학업 성취도 평가 실시

21일 (금)
- 기획회의 (9:00)
- 전교 및 학급 임원 임명장 수여

25일 (화)
- 학교 교육과정 설명회

28일 (금)

● 기획회의 (9:00)

● 체육 활동 프로그램 준비

● 문화 체험의 날 (전 학년 참여, 다양한 문화 체험 활동 진행)

● 학급 특별 활동 진행

31일 (월)

● 전 교직원 회의 (15:30, 교직원 회의실)

● 학부모 상담 주간 시작

여기에 해당하는 4학년, 4-1, 전 교직원 관련 일정을 아래와 같이 정리했습니다.

● 날짜: 3월 3일 (월) 시업식, 입학식

● 날짜: 3월 5일 (수) 학급 임원 선거

● 날짜: 3월 10일 (월) 학습 진단 활동

● 날짜: 3월 18일 (화) 학업 성취도 평가 실시

● 날짜: 3월 21일 (금) 전교 및 학급 임원 임명장 수여

● 날짜: 3월 25일 (화) 학교 교육과정 설명회

● 날짜: 3월 28일 (금) 문화 체험의 날 (전 학년 참여, 다양한 문화 체험 활동 진행)

● 날짜: 3월 31일 (월) 전 교직원 회의 (15:30, 교직원 회의실)

처음에 챗GPT를 사용해 월중 계획에서 필요한 정보를 추출하려고 할 때, 챗GPT가 내가 꼭 알아야 할 일정들을 정확하게 뽑아내지 못할 수 있다. 챗GPT가 아직 학교에서 현재 나의 업무나 직급 그리고 나의 요구 사항을 완전히 파악하지 못한 상태이기 때문이다. 이럴 때는 월중 계획을 직접 읽어 보고, 실제로 내가 알아야 할 일정들을 챗GPT에 가르쳐 주는 과정이 필요하다.

이 학습 과정은 시간이 걸릴 수 있지만, 매우 중요한 단계다. 챗GPT가 내 업무 패턴과 중요한 일정의 우선순위를 이해하도록 돕기 때문이다. 이 과정을 몇 차례만 거치면 챗GPT는 나의 요구에 점점 더 맞춤화되어, 마치 개인 비서처럼 월중 계획에서 꼭 알아야 할 일정들을 정확하게 추출할 수 있게 된다.

챗GPT가 몇 차례의 학습 과정을 거치게 되면, 더 이상 별다른 명령을 내리지 않아도 월중 계획만 제시하면 내가 꼭 알아야 할 일정들을 정확하게 추출해 줄 수 있다. 이 과정에서 불필요한 정보는 걸러내고, 핵심적인 일정만을 제시함으로써 업무 스트레스를 크게 줄일 수 있다. 이렇게 되면 업무의 자동화가 자연스럽게 이루어지며, 나는 중요한 일에 더욱 집중할 수 있는 여유를 가지게 된다. 아래 프롬프트에서 볼드체로 표시한 부분이 새롭게 추가한 일정들이다.

다음은 실제 내가 알아야 하는 일정들이야. 네가 추출한 일정과 비교해 보고 앞으로는 내가 알아야 하는 일정들을 더 정확하게 추출해 줘.

[일정 목록]
- 날짜: 3월 3일 (월) 시업식, 입학식
- 날짜: 3월 5일 (수) 학급 임원 선거
- 날짜: 3월 10일 (월) 학습 진단 활동
- 날짜: 3월 18일 (화) 학업 성취도 평가 실시
- 날짜: 3월 21일 (금) 전교 및 학급 임원 임명장 수여
- 날짜: 3월 25일 (화) 학교 교육과정 설명회
- 날짜: 3월 28일 (금) 문화 체험의 날 (전 학년 참여, 다양한 문화 체험 활동 진행)
- 날짜: 3월 31일 (월) 전 교직원 회의 (15:30, 교직원 회의실), **학부모 상담 주간 시작**

앞으로는 사용자가 알아야 하는 일정을 더욱 정확하게 추출하여 제공하겠습니다.

보통은 월중 계획을 일일이 읽어 보고 형광펜으로 나에게 해당하는 부분을 표시하며 일정을 확인한다. 이러한 아날로그 방식도 훌륭하지만 월중 계획 종이를 잃어버릴 위험이 있고 중요한 일정들을 다시 교무 수첩이나 캘린더에 옮겨 적는 번거로움이 따른다. 이런 과정을 반복하다 보면 시간과 에너지가 낭비되기 쉽다.

챗GPT를 활용해 내가 알아야 하는 일정들을 디지털화하면, 이러한 과정들을 자동화할 수 있다. GPTs의 Calendar 도구를 이용하면 챗GPT가 추출한 일정 데이터를 바로 구글 캘린더에 입력할 수 있어, 일정을 효율적으로 관리하는 데 큰 도움이 된다. 이 기능을 사용하면 추출한 일정 데이터를 일일이 교무 수첩에 적거나 캘린더 앱에 추가할 필요가 없다.

챗GPT로 추출한 중요한 일정이 구글 캘린더에 정확하게 반영되어 언제 어디서든 일

정을 지속적으로 관리할 수 있게 된다. 이는 단순히 시간과 노력을 절약하는 것에 그치지 않고 중요한 일정을 놓치지 않도록 도와 업무 효율성을 한층 더 높여 준다.

월중 계획에서 나에게 필요한 정보만을 챗GPT를 활용해 추출한 후, 이를 다시 GPTs 도구를 사용해 구글 캘린더로 전송하는 과정을 통해, 챗GPT는 단순한 비서 역할을 넘어선다. 이 과정은 일정 관리의 모든 단계를 자동화하고 최적화하여 내가 핵심 업무에 집중할 수 있는 환경을 만들어 준다.

▼ Calendar GPTs 설치, 사용하기

1 챗GPT의 좌측 상단 GPT 탐색 메뉴를 선택한다.

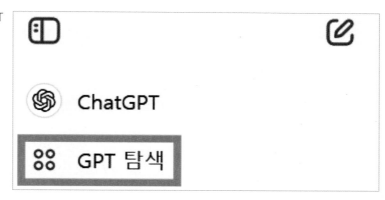

2 검색창 'Calendar'를 입력하고 해당 맞춤형 버전을 선택한다.

GPT

지침, 추가 지식 및 모든 스킬 조합을 결합한 ChatGPT의 맞춤형 버전을 발견하고 만듭니다.

3 채팅 시작 버튼을 클릭하여 'Calendar'를 실행한다.

4 app.timenavi.com으로 로그인 버튼을 클릭한다.

5 Accept 버튼과 Log in with Google 버튼을 차례로 클릭해 구글 계정으로 로그인한다.

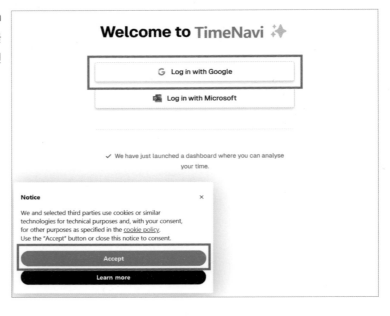

1장

2장

3장

4장

5장

6장

3장. 챗GPT로 행정 업무 쉽게 하기

6 개인 구글 계정을 선택한다.

7 계속 버튼을 클릭한다.

8 구글 계정에 대한 액세스 요청의 모든 항목에 체크하여 계속 버튼을 클릭한다.

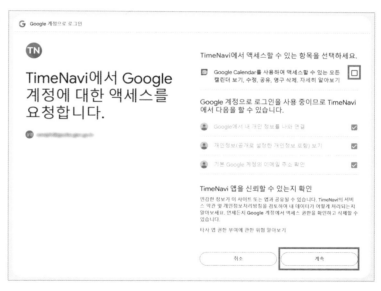

9 다시 챗GPT로 돌아와 확인 버튼을 클릭한다.

이제 다음과 같이 일정 추가를 부탁해 보자.

다음 2025년 3월 일정을 추가해 줘.

[3월 일정]
- 날짜: 3월 3일 (월) 시업식, 입학식
- 날짜: 3월 5일 (수) 학급 임원 선거
- 날짜: 3월 10일 (월) 학습 진단 활동
- 날짜: 3월 18일 (화) 학업 성취도 평가 실시
- 날짜: 3월 21일 (금) 전교 및 학급 임원 임명장 수여
- 날짜: 3월 25일 (화) 학교 교육과정 설명회
- 날짜: 3월 28일 (금) 문화 체험의 날 (전 학년 참여, 다양한 문화 체험 활동 진행)
- 날짜: 3월 31일 (월) 전 교직원 회의 (15:30, 교직원 회의실), 학부모 상담 주간 시작

 app.timenavi.com과(와) 대화 완료 ✓

첫 번째 일정인 "시업식, 입학식"을 2025년 3월 3일에 성공적으로 추가했습니다. 다음 일정도 추가하겠습니다.

10. 회의록 쓰기

학교에서 교사는 많은 회의를 진행하며, 회의록 작성은 필수적인 업무 중 하나다. 하지만 회의록을 작성하는 데는 상당한 시간과 노력이 필요하다. 챗GPT는 이러한 반복적인 업무를 효율적으로 처리할 수 있다. 회의 내용을 자동으로 정리하고 요약하여, 회의록 작성에 걸리는 시간과 노력을 크게 줄여 준다.

회의록을 자동으로 작성하기 위해서는, 회의에 참여하는 사람들의 음성 데이터를 텍스트 데이터로 변환하는 과정이 필요하다. 이때 사용할 수 있는 도구로는 다글로(Daglo), 클로바 노트(Clova Note) 등이 있다. 이러한 도구들을 사용하면 음성 데이터를 텍스트로 변환할 수 있으며, 이렇게 변환된 데이터는 챗GPT가 처리할 수 있는 형태로 제공된다. 다글로나 클로바 노트 모두 화자별로 음성을 구분해 줄 뿐만 아니라, 다양한 주제나 전문 용어도 잘 인식하는 편이다.

▼ 다글로로 회의록 작성하기

1 회의에서 녹음된 파일을 다글로에 업로드 한다.

2 주제를 '일반'으로 설정하고 화자 표시를 하여 받아쓰기를 한다. 받아쓰기가 완성된 텍스트 파일을 복사하여 회의록 작성에 사용할 수 있다.

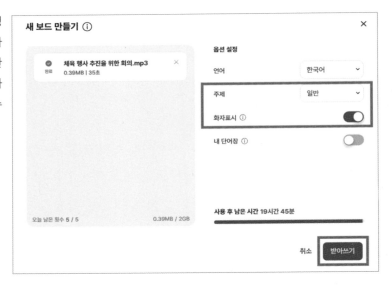

회의록 작성을 위해 프롬프트를 체계적으로 설계하면, 원하는 회의록 양식과 조건에 따라 아래 프롬프트의 [양식] 부분만 수정하여 원하는 회의록을 만들어 낼 수 있다. 예를 들어, 안건, 회의 내용, 향후 계획과 같은 항목들이 포함된 회의록 양식을 지정할 수 있으며, 챗GPT는 이 양식에 맞춰 자동으로 회의 내용을 정리한다.

#역할 부여
너는 학교 체육 행사 계획 수립 및 추진 업무 관련 회의록 작성 전문가야.

#명령
제시된 [회의 내용]을 바탕으로, 아래의 양식에 따라 정확하고 간결하게 회의록을 작성해 줘.

[양식]
  1. 안건: 회의 내용을 카테고리로 분류하고, 주요 논의 주제를 나열함.
  2. 회의 내용: 각 안건에 대해 구체적인 논의 내용을 정리함.
  3. 향후 계획: 회의 내용을 바탕으로 앞으로 논의해야 할 주제나 추진해야 할 업무 작성함.

[회의 내용]
(다글로에서 받아쓰기한 텍스트를 복사하여 붙여넣기)

화자 1

00:00

회의를 시작하겠습니다. 오늘 논의할 안건은 행사 일정 확정, 장소 및 안전 관리, 경기 종목 선정, 그리고 역할 분담입니다. 먼저 행사 일정을 확정하는 것으로 시작하겠습니다.

화자 2

00:45

행사 날짜는 11월 초가 적절하다고 생각합니다. 학생 준비 시간도 충분할 것 같습니다.

(중략)

화자 3

07:30

물품 구매와 대여는 행정실에서 담당하면 될 것 같습니다.

화자 1

07:50

그렇게 정리하겠습니다. 추가적으로 행사 공지문은 10월 20일까지 발송하고, 10월 25일에는 안전 점검과 리허설을 진행합시다.

화자 1

08:20

이상으로 회의를 마치겠습니다. 수고하셨습니다.

제한 조건
1. 안건, 회의 내용, 향후 계획은 주어진 양식에 따라 작성할 것.
2. 문맥에 맞지 않는 문장이나 오타는 적절히 수정하여 정리할 것.
3. 회의록은 간결하고 명확하게 작성할 것.

체육 행사 계획 수립과 추진 회의록

1. 일시: 2024년 10월 6일
2. 장소: 교직원 회의실
3. 참석자: 교장, 교감, 체육 담당 교사, 5학년 담임, 6학년 담임

안건

1. 행사 일정 확정
2. 행사 장소 및 안전 관리 방안
3. 경기 종목 선정 및 준비물 확인
4. 행사 진행 역할 분담

회의 내용

1. 행사 일정 확정
 - 행사 날짜를 2024년 11월 2일로 확정함.
 - 우천 시 대체 일정으로 11월 9일을 제안
 - 오전 9시 시작, 오후 3시 종료 예정

2. 행사 장소 및 안전 관리 방안
 - 운동장과 체육관을 주요 행사 장소로 사용
 - 학생 안전을 위해 응급 의료팀과 협조
 - 부모님을 위한 관람 구역 설정
 - 소화기 및 응급 처치 도구의 배치 점검

3. 경기 종목 선정 및 준비물 확인
 - 5~6학년 학생들을 위한 종목으로 줄다리기, 계주, 축구, 발야구를 선정함.
 - 학년별로 준비물 목록을 준비하고, 10월 말까지 확인 및 구비 완료 예정.

4. 행사 진행 역할 분담
 - 5학년 담임: 경기 운영 총괄
 - 6학년 담임: 진행 및 참가자 명단 관리
 - 체육 담당 교사: 안전 관리 및 경기 진행
 - 행정실 직원: 물품 구매 및 대여 관리

향후 계획

 - 10월 20일까지 부모님과 학생들에게 행사 공지문 발송
 - 10월 25일 안전 점검 및 행사 리허설 진행
 - 행사 후 피드백을 반영하여 내년 행사 개선 방안 논의 예정

위 회의록은 학교 체육 행사에 대한 전반적인 회의 내용을 기반으로 작성되었습니다.

11. 보고서 작성하기

 교육 연구 결과를 보고서로 문서화하는 일은 실제로 수업과 연구를 실행하는 것만큼, 아니 그보다도 더 어려운 경우가 많다. 실천적인 결과물과 교사로서의 경험, 그리고 교육에 관한 생각을 글로 표현하는 과정은 상당한 시간과 노력이 필요하다. 이때 챗GPT는 이러한 복잡한 작업에 있어 중요한 지원 도구가 될 수 있다.

 연구 보고서 기획하는 첫 번째 단계에서 챗GPT는 함께 브레인스토밍할 수 있는 좋은 친구가 될 수 있다. 챗GPT를 통해 다양한 연구 주제를 추천받고, 그에 따라 새로운 아이디어를 탐색함으로써 생각의 폭을 넓힐 수 있다. 이 과정에서 다양한 가능성을 열어 두고, 연구 주제에 대한 다각적인 접근을 시도할 수 있다.

 챗GPT와 함께 '인공지능 활용 교육'에 대한 교육 연구 보고서를 작성해 보자.

'인공지능 활용 교육'을 주제로 보고서를 쓰려고 해. 연구 문제를 10가지 추천해 줄래?

다음은 '인공지능 활용 교육'을 주제로 한 연구 문제 10가지 추천 목록입니다:

1. 인공지능 기반 학습 도구가 학생들의 학업 성취도에 미치는 영향은 무엇인가?
2. 교사들이 인공지능 도구를 활용할 때 겪는 어려움과 그에 대한 해결 방안은 무엇인가?
3. 인공지능을 활용한 맞춤형 학습이 학생들의 자기 주도 학습 능력 향상에 미치는 영향은?
4. 인공지능 교육 프로그램이 학생들의 문제 해결 능력에 미치는 효과는 어떠한가?
5. AI 학습 도구가 교육 현장에서 교사의 역할 변화를 어떻게 끌어내는가?
6. 학생들이 인공지능 도구를 사용할 때 나타나는 학습 태도 변화는 무엇인가?
7. 초등학생을 대상으로 한 인공지능 활용 교육의 효과적인 교수법은 무엇인가?
8. 인공지능 활용이 교과 간 융합 교육에 미치는 영향은 무엇인가?
9. 인공지능 교육 도입이 교육 격차 해소에 이바지할 수 있는 방법은 무엇인가?
10. AI 활용 교육에 대한 교사와 학생의 인식 차이는 어떠한가?

이 중 관심 있는 주제를 골라 연구를 진행할 수 있습니다.

정해진 연구 문제에 따라 제목까지 추천받을 수 있다.

'인공지능 활용이 교과 간 융합 교육에 미치는 영향은 무엇인가?' 이 주제가 마음에 들어. 이 주제로 보고서를 쓰려고 해. 보고서 제목을 10가지 추천해 줘.

다음은 '인공지능 활용이 교과 간 융합 교육에 미치는 영향' 주제를 반영한 보고서 제목 10가지입니다:

1. 인공지능 기반 교과 융합 교육의 가능성과 효과
2. AI 활용을 통한 융합 교육의 새로운 패러다임
3. 인공지능이 이끄는 교과 융합 교육의 변화와 도전
4. AI와 교과 융합: 교육의 경계를 넘다
5. 인공지능 활용 융합 교육의 미래: 학습의 통합적 접근
6. 교과 간 융합을 위한 인공지능 도입의 교육적 효과
7. AI 기술이 교과 융합 수업에 미치는 영향 분석
8. 인공지능을 활용한 융합 교육 사례 연구 및 그 성과
9. 인공지능과 교과 융합: 학생 역량 강화를 위한 교육 혁신
10. 인공지능을 통한 교과 간 통합 학습의 가능성과 한계

이 제목들 중 하나를 선택하거나 조합하여 보고서에 사용할 수 있습니다.

연구 문제와 제목 등 보고서 기획 단계가 마무리되면, 챗GPT는 연구 내용의 개요를 잡는 데에도 큰 도움이 될 수 있다. 개요를 잘 잡아 두면 연구 전 과정이 더 효율적으로 진행되며, 최종 보고서를 작성할 때도 일관성을 유지하면서 중요한 내용을 빠뜨리지 않도록 도와준다. 또한, 연구 마무리 단계에서는 연구 결과를 체계적으로 정리하는 데 유용한 도구로 활용될 수 있다.

내 보고서 주제는 '인공지능 활용이 교과 간 융합 교육에 미치는 영향은 무엇인가?', 제목은 '인공지능을 활용한 융합 교육 사례 연구 및 그 성과' 이야. 보고서를 어떻게 쓸지 개요를 짜 줘.

보고서 개요는 다음과 같이 구성할 수 있습니다:

1. 서론
 - 연구 배경: 교과 간 융합 교육의 필요성 증가와 인공지능의 역할

- 연구 목적: 인공지능을 활용한 융합 교육 사례를 조사하고 그 성과를 분석
- 연구 문제 제시: 인공지능 활용이 교과 간 융합 교육에 어떤 긍정적 영향과 도전을 제공하는가?

2. 이론적 배경

- 융합 교육의 개념: 교과 간 융합 교육의 정의 및 필요성
- 인공지능(AI) 활용 교육: 교육에서 AI 기술의 적용 분야 및 사례
- 인공지능과 융합 교육의 시너지 효과: AI가 융합 교육에서 갖는 교육적 가능성

3. 연구 방법론

- 사례 연구 방법: 연구에 사용된 융합 교육 사례 선정 및 분석 방법
- 연구 대상: 분석할 학교, 교실 또는 교육 프로그램
- 자료 수집 방법: 인터뷰, 설문조사, 관찰 등을 통한 데이터 수집 과정 설명

4. 사례 연구

- 사례 1: 인공지능을 활용한 과학-수학 융합 교육
- 사례 2: AI를 활용한 예술-사회 융합 수업
- 사례 3: AI와 언어 학습의 통합적 적용 사례
- 사례 분석: 각 사례가 학생들의 학습 성과에 미친 영향, 교사와 학생의 반응, 융합 교육의 장점과 도전 과제 분석

5. 결과 분석

- AI 활용 융합 교육의 성과: 학생들의 창의적 사고, 문제 해결 능력, 협력 능력 향상
- AI 도입의 장점: 교육 효과성, 개인 맞춤형 학습, 교과 간 연계성 강화
- 도전 과제: 기술적 어려움, 교사 역량 부족, 교육 환경의 준비성

6. 결론 및 제언

- 연구 요약: 주요 결과 요약 및 연구 문제에 대한 답변
- 향후 연구 제언: 융합 교육에서 AI 활용을 극대화하기 위한 방안 제시
- 정책적 시사점: 학교 및 교육 정책에서 AI 기반 융합 교육의 확대를 위한 방향성

이 개요를 기반으로 각 항목을 더 세부적으로 작성할 수 있습니다.

이렇게 생성한 개요를 바탕으로, GPTs를 이용해 마인드맵을 생성할 수 있다. 마인드맵은 개요를 시각적으로 정리하여 주제와 세부 내용을 한눈에 파악할 수 있게 해 준다. 이를 통해 단순히 구조를 정리하는 것을 넘어, 새로운 아이디어를 떠올리고 생각을 확장하는 데 도움을 줄 수 있다.

1 'GPT 탐색'에서 Whimsical Diagrams를 검색한다.

2 '채팅 시작'을 클릭한다.

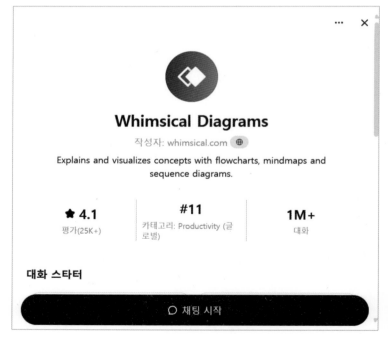

3 원하는 내용을 복사하여 붙여 넣은 후 '마인드맵으로 만들어 줘'라고 프롬프트를 입력한다.

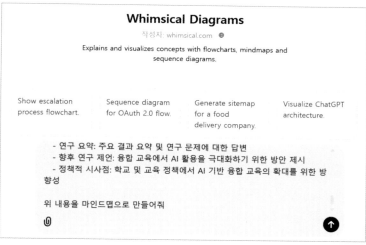

4 완성한 마인드맵을 사진 파일로 다운로드한다.

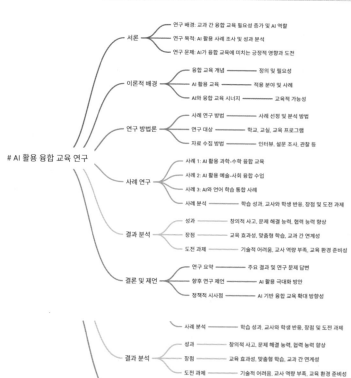

5 내용을 추가하거나 수정이 필요할 경우 'View or edit this diagram in Whimsical.' 추가 버튼을 클릭한다.

View or edit this diagram in Whimsical.

⑥ 'whimsical' 마인드맵 웹 프로그램으로 연결되어 내용을 추가하거나 수정한다.

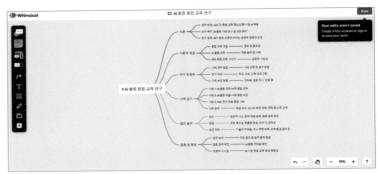

이렇게 생성된 마인드맵은 연구 과정에서 길잡이 역할을 하며, 보고서를 작성하거나 논의를 정리할 때 유용한 참고 자료가 된다.

추천 개요의 세부적인 내용은 다음과 같이 추가 프롬프트를 통해 예시로 생성할 수 있다. 챗GPT는 연구 보고서의 다양한 구조와 구성을 제안할 수 있으나, 교육 연구는 실제로 실천한 내용을 바탕으로 작성해야 한다는 점이 중요하다. 따라서 챗GPT가 생성해 낸 텍스트는 보고서 작성의 참고용으로 사용하는 것이 바람직하다.

> 위 개요에서 1. 서론에 관한 내용을 더 자세하게 풀어서 써 줘.

1. 서론

1.1 연구 배경
오늘날 교육의 패러다임은 점점 더 융합적이고 통합적인 방향으로 변화하고 있다. 21세기 지식 사회에서 학생들은 단일 교과의 지식을 넘어서 다양한 학문 간의 연계성을 이해하고 문제를 다각적으로 해결할 수 있는 능력을 요구받고 있다. 이에 따라 교과 간 융합 교육의 중요성이 부각되고 있으며, 이는 과학, 수학, 예술, 사회 등 여러 학문 영역을 결합하여 새로운 형태의 학습 경험을 제공하려는 교육적 노력으로 나타난다. 동시에 인공지능(AI) 기술의 급격한 발전은 이러한 융합 교육의 가능성을 더욱 확장하고 있다. AI는 단순히 정보를 제공하는 도구를 넘어 학생들에게 맞춤형 학습 경험을 제공하고, 교사들에게는 교육 과정의 효율성을 높일 수 있는 혁신적인 수단이 되고 있다.

1.2 연구 목적
본 연구는 인공지능 기술이 교과 간 융합 교육에 미치는 영향을 탐구하는 데 목적을 둔다. 특히 인공지능을 활용한 다양한 융합 교육 사례를 통해 그 교육적 효과를 분석하고, AI 도입이 교사와 학생들에게 가져온 변화와 그 성과를 구체적으로 살펴볼 것이다. 이를 통해 AI가 융합 교육에서 어떤 역할을 할 수 있는지, 그리고 융합 교육의 질적 향상에 어떻게 이바지할 수 있는지에 대한 명확한 답변을 제공하고자 한다.

1.3 연구 문제 제시

본 연구에서 다루고자 하는 주요 연구 문제는 다음과 같다:

- 인공지능을 활용한 교과 간 융합 교육이 학생들의 학업 성취도 및 학습 태도에 어떤 영향을 미치는가?
- AI 기술이 교사들의 교육 방식과 융합 교육에 대한 인식에 어떤 변화를 일으키는가?
- AI 기반 융합 교육의 장점과 한계는 무엇인가?

이와 같은 연구 문제를 통해 AI가 융합 교육에서 어떠한 가능성과 도전을 제시하는지 심층적으로 분석하고, 나아가 AI 활용 융합 교육의 성공적인 도입을 위한 방향성을 제시하고자 한다.

이렇게 자세히 풀어서 서론을 작성할 수 있습니다.

실제 실천한 내용을 기반으로 교육 연구 보고서를 작성하는 단계에서도 글을 논리적으로 구성하는 데 챗GPT의 도움을 받을 수 있다. 자신이 실천한 교육 연구 결과를 말로 풀어내는 것은 비교적 쉬운 일이지만, 이를 논리적으로 조직하여 글로 표현하는 과정에서 어려움을 겪는 교사들이 많다. 이때 '다글로' 또는 '클로바 노트' 앱을 활용하면 유용하다.

자신의 연구 결과에 대한 설명을 '다글로'나 '클로바 노트' 앱으로 음성 녹음한 후, 챗GPT에 이를 구어체에서 문어체로 변환해 달라고 요청할 수 있다.

너는 AI 교과 융합 교육 전문가야. 내가 너에게 관련 주제에 대한 나의 생각을 말한 내용을 녹음한 [녹취록]을 제시할 거야. 너는 더 전문성이 드러나게 문맥에 맞게 글을 다듬어서 써 줘. 즉 구어체를 문어체로 바꿔 달라는 거야. 앞으로는 계속해서 녹취록만 입력할 게. 글을 논리적으로 조직해서 문어체로 써 줘. 어체는 하다, 이다 체로 바꿔 줘.

[녹취록]

어, 네, 그러니까 AI를 활용한 교과 융합 교육이... 음, 제가 생각하기에 굉장히 중요한 이유는, 음, 일단 이 AI 기술 자체가 여러 교과목을, 그러니까, 융합적으로 학습할 수 있는 도구로 굉장히 적합하다고 생각해요. 예를 들어, 우리가, 음, 수학하고 과학을 같이 가르칠 때 AI가 그 중간에서 계산을 돕거나 데이터를 분석하는 역할을 해줄 수 있는 거죠. 그러니까, 이게 단순히 교과목을 넘어서, 학생들이 어떻게 생각하고 문제를 해결할지에 대한 새로운 길을 열어주는 거예요.

또, 제가 봤을 때는 음, 교사 입장에서도 굉장히 유용한 도구라고 생각해요. 음, 왜냐면 AI가 학습 데이터를 자동으로 수집해서 분석해 주니까, 교사들이 수업 준비하는 데에, 어, 시간도 줄이고, 더 개별 맞춤형 교육을 제공할 수 있거든요. 음... 그래서 이런 식으로 AI를 도입하는 교과 융합 교육이, 장기적으로는 학생들이 스스로 더 창의적으로 사고할 수 있게 돕는 방향으로 갈 거라고 봅니다.

[변환된 글]

AI를 활용한 교과 융합 교육의 중요성은 매우 크다고 할 수 있다. 첫째, AI 기술은 다양한 교과목을 융합적으로 학습할 수 있는 도구로써 매우 적합하다. 예를 들어, 수학과 과학을 함께 가르칠 때 AI는 계산을 돕거나 데이터를 분석하는 역할을 수행할 수 있다. 이는 단순히 교과목을 넘어서, 학생들이 사고하고 문제를 해결하는 새로운 방식을 제시해 주는 것이다.

둘째, 교사 입장에서 AI는 매우 유용한 도구이다. AI가 학습 데이터를 자동으로 수집하고 분석해 줌으로써 교사들이 수업 준비에 소요되는 시간을 절약할 수 있으며, 더 나아가 개별 맞춤형 교육을 제공할 수 있게 된다. 이러한 AI 도입을 통한 교과 융합 교육은 학생들이 장기적으로 더 창의적으로 사고할 수 있는 능력을 길러 주는 방향으로 나아갈 것이다.

앞으로도 계속 [녹취록]을 입력해 주시면 이렇게 변환해 드리겠습니다.

이렇게 글을 쓰다 보면, 순간 말문이 막히거나 글을 어떻게 이어 나가야 할지 막막한 순간이 생기곤 한다. 이럴 때는 지금까지 작성한 글의 일부를 챗GPT와 공유하고, 앞으로 어떻게 글을 이어 나갈지에 대해 도움을 청할 수 있다. 챗GPT는 글의 흐름을 분석하고, 이를 바탕으로 다음에 논리적으로 이어질 논리적 내용을 제안할 수 있다.

너는 AI 교과 융합 교육 전문가야. 내가 너에게 관련 주제에 대해 쓴 글을 제시하면 너는 앞뒤 문맥에 맞게 글을 더 이어서 써 줘. 세 가지 버전으로 써 주고 각 버전에 따라 왜 그렇게 글을 이어서 썼는지 의도도 써 줘. AI 교과 융합 교육의 전문가로서 전문성과 신뢰감이 드러나게 써 줘.

[글]

AI를 활용한 교과 융합 교육의 중요성은 매우 크다고 할 수 있다. 첫째, AI 기술은 다양한 교과목을 융합적으로 학습할 수 있는 도구로써 매우 적합하다. 예를 들어, 수학과 과학을 함께 가르칠 때 AI는 계산을 돕거나 데이터를 분석하는 역할을 수행할 수 있다. 이는 단순히 교과목을 넘어서, 학생들이 사고하고 문제를 해결하는 새로운 방식을 제시해 주는 것이다.

둘째, 교사 입장에서 AI는 매우 유용한 도구이다. AI가 학습 데이터를 자동으로 수집하고 분석해 줌으로써 교사들이 수업 준비에 소요되는 시간을 절약할 수 있으며, 더 나아가 개별 맞춤형 교육을 제공할 수 있게 된다. 이러한 AI 도입을 통한 교과 융합 교육은 학생들이 장기적으로 더 창의적으로 사고할 수 있는 능력을 길러 주는 방향으로 나아갈 것이다.

버전 1:

셋째, AI를 활용한 교과 융합 교육은 협력 학습의 새로운 장을 열 수 있다. 학생들은 AI가 제공하는 실시간 피드백을 통해 서로의 학습 과정을 공유하고, 이를 바탕으로 서로 협력하여 더 깊이 있는 탐구를 할 수 있다. 이러한 방식은 학생들의 학습 참여도를 높이며, 문제 해결 과정에서 다양한 시각을 통합하는 능력을 강화한다. 궁극적으로, AI는 학습자 중심의 교육 환경을 구축하는 데 중요한 역할을 한다고 볼 수 있다.

의도: 이 버전은 협력 학습의 중요성을 강조하며, AI를 통한 교과 융합이 학습자 주도의 탐구 활동을 촉진할 수 있음을 보여 준다. 이는 학생 중심 교육을 선호하는 교육 전문가들에게 특히 신뢰를 줄 수 있는 내용이다.

버전 2:

셋째, AI 기술을 도입함으로써 교육의 형평성도 크게 향상될 수 있다. 다양한 학습 배경과 속도를 가진 학생들이 AI의 개별 맞춤형 지원을 받음으로써 교실 내 학습 격차를 줄이고, 모두가 함께 성장할 수 있는 환경이 조성된다. AI가 제공하는 맞춤형 학습 자료와 실시간 피드백은 교사의 지도를 보완하며, 학생 개개인의 필요를 충족시킬 새로운 가능성을 열어 준다.

의도: 교육 형평성과 포용성을 강조하여, AI의 도입이 학습 격차 해소에 이바지할 수 있다는 점을 강조했다. 이는 교육 정책 수립자와 교사들에게 신뢰감을 주기 위한 접근이다.

버전 3:

셋째, AI 기반 교과 융합 교육은 미래 사회에서 요구되는 핵심 역량을 함양하는 데 이바지할 수 있다. 특히 데이터 분석, 논리적 사고, 디지털 리터러시와 같은 능력은 AI를 통해 더욱 심화된 방식으로 학습할 수 있다. AI를 도구로 활용하는 교과 융합 수업은 학생들이 이러한 기술을 직접 경험하고 적용할 기회를 제공함으로써 미래 사회에 대비하는 교육 모델을 구축하게 된다.

의도: 이 버전은 AI 기술이 미래 역량 개발에 미치는 영향을 중심으로 서술했다. 4차 산업혁명 시대를 대비하는 교육 전문가나 정책 결정자들에게 설득력 있는 메시지를 전달하려는 의도이다.

1장 2장 3장 4장 5장 6장

3장. 챗GPT로 행정 업무 쉽게 하기

12. 맞춤법 검사하기

이미 널리 알려진 맞춤법 검사 사이트들이 있지만, 바쁜 업무 중에 따로 사이트에 접속해 맞춤법을 검사하는 것은 번거롭다. 또한, 기존 검사 사이트에는 단어 제한이 있어 긴 글을 나누어 여러 번 검사해야 하는 불편함도 있다. 반면, 챗GPT는 다음 예시와 같이 긴 글도 한 번에 맞춤법을 검사하고 수정해 주는 훌륭한 도구로 활용할 수 있다.

아래 글을 한글 맞춤법에 맞춰 다시 써줘.

위학생은지적인부분에서는발달이떨어지지않지만대인관계능력,언어적능력,신체발달이동학년학생들만큼이루어지지않아서학교에서생활하는동안어려움을겪어왔습니다.하지만기본적으로굉장히착실한학생이라맡은일에는최선을다하여학급에서자신의역할을다하는학생입니다. 2학년에들어와서는학급친구들사이에서괴롭힘당하는일이없었지만여전히친구를사귀는부분에서어려움을겪었습니다. 이번에예술학교에입학하여학생에게필요한기초사회교육및예술교육을받는다면앞으로더욱발전하고성숙한학생으로자랄수있을것이라생각하여추천합니다.

위 학생은 지적인 부분에서는 발달이 뒤떨어지지 않지만, 대인 관계 능력, 언어적 능력, 신체 발달이 동학년 학생들만큼 이루어지지 않아 학교생활 중 어려움을 겪어 왔습니다. 하지만 기본적으로 매우 착실한 학생으로, 맡은 일에는 최선을 다해 학급에서 자신의 역할을 다하고 있습니다. 2학년에 들어와서는 학급 친구들 사이에서 괴롭힘을 당하지는 않았지만, 여전히 친구를 사귀는 데 어려움을 겪고 있습니다. 이번에 예술학교에 입학하여 학생에게 필요한 기초 사회 교육 및 예술 교육을 받는다면, 앞으로 더욱 발전하고 성숙한 학생으로 자랄 수 있을 것이라 생각하여 추천합니다.

13. 손 글씨 텍스트 변환하기

챗GPT는 OCR(Optical Character Recognition) 기능을 갖고 있다. OCR은 광학 문자 인식의 약자로, 이미지나 스캔 된 문서에서 텍스트를 인식하여 디지털 텍스트로 변환하는 기능을 말한다. 특히 챗GPT는 손 글씨 인식 능력이 뛰어나 손으로 작성된 문서나 메모도 디지털화하여 사용할 수 있도록 변환해 준다.

이 기능을 활용하면 손 글씨로 작성된 회의록이나 메모를 손쉽게 텍스트로 변환할 수 있어 공문서 작성이나 데이터 입력 과정에서 효율성을 크게 높일 수 있다. 메모된 내용을 다시 컴퓨터로 입력하거나 문서화하여 옮기는 번거로움을 덜고, 즉각적으로 회의록 작성이나 간단한 계산 등의 업무를 바로 처리할 수 있어 업무 진행 속도가 크게 향상된다.

#역할 부여
너는 회의록 정리 전문가야.

#명령
손 글씨로 작성된 회의록 사진을 보여 주면 OCR 기능으로 텍스트로 변환한 뒤, 주요 안건과 결론을 정리하고, 중요한 숫자 정보나 간단한 계산이 필요한 항목은 표로 정리해 줘.

[양식]
  1. OCR로 변환된 텍스트
  2. 주요 안건 및 결론
  3. 숫자 정보 및 계산 항목 정리 (표 형식)

[입력]
회의록 사진: (사진 첨부)

#제한 조건
  1. 변환된 텍스트는 명확하고 읽기 쉽게 정리할 것

2. 주요 안건과 결론은 간결하게 요약할 것

3. 숫자 정보와 계산 항목은 표로 체계적으로 작성할 것

4. 잘못된 문맥이 있거나 해석이 필요한 부분은 적절히 수정하여 정리할 것

회의록 사진을 제공해 주시면 OCR 기능을 통해 텍스트로 변환한 뒤, 주요 안건과 결론을 정리하고, 필요한 숫자 정보나 계산이 필요한 항목은 표 깔끔하게 정리해 드리겠습니다.

수기로 작성한 회의록을 디지털화하려면 데스크톱용 챗GPT보다는 스마트폰용 챗GPT를 사용하는 것이 훨씬 간편하다. 스마트폰을 사용하면 수기 회의록을 사진으로 바로 찍어 챗GPT에 업로드할 수 있어, 중간 과정 없이 곧바로 텍스트로 변환하고 필요시 편집할 수 있다.

▼ 모바일 챗GPT 앱으로 필기 내용 업로드하기

1 챗GPT 앱의 좌측 하단 + 버튼을 선택한다.

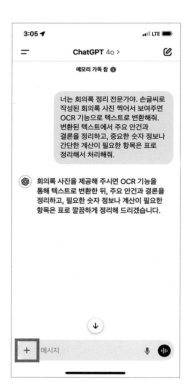

2 카메라 모양의 버튼을 선택해 수기 회의록을 사진 찍어 업로드한다.

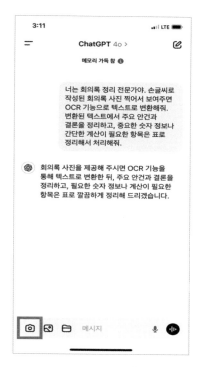

다음은 손글씨로 작성한 회의록을 챗GPT로 인식하고 정리한 예이다.

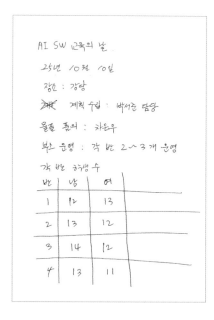

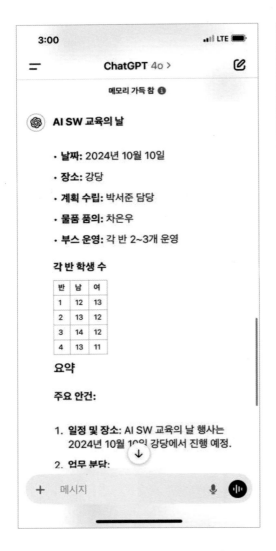

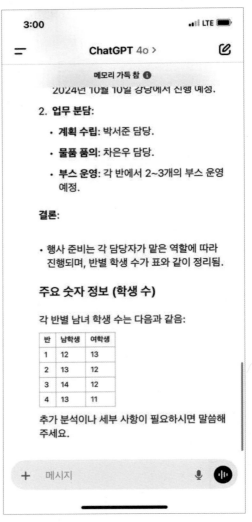

필요에 따라 인식한 내용에 대한 간단한 계산도 가능하다. 회의록에 포함된 수치 데이터가 있다면, 챗GPT가 이를 바탕으로 합계, 평균, 비율 등의 기본적인 계산을 자동으로 수행해 줄 수 있다.

학생 수 표에서 각 반별 합계, 성별 합계도 내서 보여 줘.

각 반별 및 성별 합계를 포함한 학생 수 표를 정리했습니다. 필요하신 추가 정보가 있다면 말씀해 주세요! (>-)

학생 수 표에서 각 반별 합계, 성별 합계도 내서 보여줘.

아래에 각 반별 합계와 성별 합계를 포함한 학생 수 표를 정리했습니다:

반	남학생	여학생	반별 합계
1반	12	13	25
2반	13	12	25
3반	14	12	26
4반	13	11	24
합계	52	48	100

이 표는 각 반별 학생 수 합계와 성별 합계를 한눈에 볼 수 있도록 정리한 것입니다. 추가 요청 사항이 있으면 알려주세요!

4장

챗GPT로
담임 업무
쉽게 하기

1. 학생 기초 설문조사 문항 만들기

학년 초가 되면 학생들에 대해 알아가기 위해 보통 기초 설문조사를 실시한다. 종이로 하는 경우도 있지만, 나중에 개인정보 등으로 인해 파기해야 하고 잃어버릴 위험도 있으니 구글 설문지를 활용하는 것이 여러모로 효율적이다. 다음과 같이 챗GPT에 설문 내용에 포함되어야 하는 질문을 물어볼 수 있다.

#역할
넌 경력 20년의 중학교 담임교사야.

#명령
학년 초가 되어 처음 만나는 학생들에 대해 기초적으로 알아야 하는 내용에 대해 설문조사를 하려고 해. 학교생활이나 공부 등 교사로서 학생에 대해 알아야 하는 내용을 질문으로 만들어 줘.

학년 초에 학생들을 파악하기 위해 설문조사를 실시할 때, 학생들의 학교생활, 학습 습관, 관심사 등을 종합적으로 이해하는 것이 중요합니다. 다음은 경력 20년의 중학교 교사로서 학생들에게 물어볼 수 있는 설문조사 질문 목록입니다:

기본 정보

1. 이름:

2. 생년월일:

3. 가족 구성: (형제자매 수, 부모님 직업 등)

4. 연락처: (보호자 전화번호 등)

학교생활 관련

1. 이전에 다녔던 학교와 학년:

2. 가장 좋아하는 과목:

3. 가장 어려운 과목:

4. 학교에서 가장 좋아하는 활동: (동아리, 스포츠, 예술 활동 등)

5. 학교에서의 가장 기억에 남는 경험:

학습 스타일 및 습관

1. 주로 어떤 시간대에 공부를 하나요? (오전, 오후, 저녁)

2. 공부할 때 선호하는 방법: (읽기, 쓰기, 문제 풀기, 그룹 스터디 등)

3. 주로 사용하는 학습 도구나 자료: (예: 인터넷, 참고서, 앱 등)

4. 평일에 공부하는 평균 시간:

5. 숙제를 할 때 어려운 부분: (있다면 구체적으로)

개인적 관심사 및 성향

1. 취미나 관심 있는 활동:

2. 방과 후에 주로 하는 활동:

3. 장래 희망이나 꿈:

4. 친구들과 주로 하는 활동:

5. 좋아하는 책이나 작가: (있다면)

사회적 및 정서적 부분

1. 학교생활에서 겪는 어려움이나 고민:

2. 교사에게 바라는 점:

3. 학교에서 더 배우고 싶은 내용:

4. 자신의 장점과 단점:

5. 다른 사람에게 말하고 싶은 중요한 정보:

기타

1. 아침 식사를 매일 하시나요? (예/아니오)

2. 학교에서 건강과 관련된 고민이 있나요? (예/아니오, 있다면 구체적으로)

3. 최근에 감명 깊게 본 영화나 TV 프로그램이 있나요?

이 질문들은 학생들의 다양한 측면을 이해하는 데 도움이 될 것이며, 이를 통해 학생들에게 더 나은 학습 환경과 지원을 제공할 수 있을 것입니다.

이런 식으로 기본적인 질문에 대한 아이디어를 얻은 후 학원은 몇 개나 다니는지, 모든 일정이 끝나고 집에 귀가하는 시간은 보통 몇 시인지 등 구체적인 질문을 추가하면 학생들에 대해 파악할 수 있는 기초 설문조사 문항을 완성할 수 있다.

2. 생활 지도

1. 학생 지도에 관한 조언 구하기

교사로서 학생들을 지도하다 보면 어려운 상황들이 생긴다. 동료 교사들과 의논하며 답을 찾기에 어려운 상황일 때 챗GPT에 도움을 구해 보자. 어떠한 부분에 대해 고민을 하고 있는지 상황을 구체적으로 적으면 보다 더 정교한 조언을 받을 수 있다.

> 너는 20년 경력의 학급 경영 전문가야. 다음 고민에 대해 구체적인 조언을 해 줘.
>
> ○○와(과) 함께 지내며 가정 형편이 어려운 학생에 대한 고민이 있어 선생님들의 조언을 구하고 싶습니다. 용돈을 거의 받지 않는 상황이었는데 최근 한 장학재단으로부터 장학금을 받게 된 이후로 씀씀이가 무척 커진 것 같습니다. 게임 현질이라고 하는 게임 아이템을 유료로 구매하며 20만 원가량을 소비했고 같은 반 친구들에게 방과 후 떡볶이나 마라탕, 코인노래방 등을 사 준다는 소식을 들었습니다. 경제적으로 어려운 아이를 도와주고자 장학금을 신청한 것이 오히려 학생에게 부정적인 영향을 준 것 같아 담임으로서 마음이 무겁습니다. 경제적 관념이 없는 아이를 상담하려고 하는데 이 과정에서 혹여 아이가 상처를 받을까 봐 걱정되네요.

이 상황에서 학생에게 도움을 주면서도 상처를 주지 않기 위해 세심한 접근이 필요합니다. 다음과 같은 조언을 드립니다.

1. 학생과의 개별 상담:

먼저, 학생과 개별 상담을 통해 현재 상황을 이해하려고 노력하세요. 학생이 왜 장학금을 받게 되었는지, 그 돈을 어떻게 사용하고 있는지에 대해 물어보며 학생이 스스로를 돌아볼 수 있게 도와주세요. 이 과정에서 비난이나 지적보다는 학생의 입장을 공감하고, 그가 느끼는 감정을 이해하려는 자세를 유지하는 것이 중요합니다.

2. 금전 관리 교육:

금전의 가치와 관리 방법에 대한 기본적인 교육을 제공할 필요가 있습니다. 학생과 함께 예산을 세우고, 그 돈을 어떻게 나누어 사용할 수 있을지에 대해 구체적인 계획을 세우는 시간을 가져 보세요. 예를 들어, 장학금 일부는 저축하고, 일부는 필요한 곳에 사용하며, 일부는 여가 활동에 사용할 수 있도록 가이드라인을 제시해 주는 것이 좋습니다.

3. 긍정적인 대화 시작:

상담을 시작할 때는 학생의 장점을 칭찬하는 것으로 시작하세요. 예를 들어, 친구들에게 호의를 베푸는 학생의 따뜻한 마음이나 그동안의 노력에 대해 언급하세요. 그런 다음, 돈을 올바르게 사용하는 법을 배우는 것이 얼마나 중요한지에 대해 이야기를 전환하세요. 이렇게 하면 학생이 긍정적인 마음으로 상담을 받아들일 수 있습니다.

4. 모델링과 역할놀이:

학생과 함께 금전 관리에 대해 역할놀이를 해 보는 것도 좋은 방법입니다. 학생이 받은 장학금을 어떻게 사용할지에 대해 시나리오를 만들고, 가상의 상황에서 어떻게 행동할지를 토론해 보세요. 이를 통해 학생이 금전적인 결정을 내리는 데 있어 실질적인 경험을 쌓을 수 있습니다.

5. 부모 또는 보호자와의 협력:

학생의 ○○와(과)도 이 문제에 대해 이야기해 보는 것이 좋습니다. ○○가(이) 학생에게 금전 관리에 대해 가르치거나, 함께 계획을 세우는 데 도움을 줄 수 있도록 협력하세요. 이 과정에서 보호자가 아이의 지출을 모니터링할 수 있도록 돕는 방법도 논의해 볼 수 있습니다.

6. 추가 지원 제공:

장학금 외에도 학생이 필요한 경제적 교육이나 상담을 받을 수 있는 자원을 연결해 주는 것도 고려해 보세요. 학교나 지역사회에서 제공하는 프로그램을 통해 학생이 금전 관리 능력을 키울 수 있도록 지원해 줄 수 있습니다.

이러한 조언을 통해 학생이 금전 관리를 올바르게 배울 수 있도록 도와주며, 동시에 그의 자존감을 지켜줄 수 있는 방향으로 접근하는 것이 중요합니다.

챗GPT가 기대한 것보다 더 구체적이고 현실적인 조언을 해 주는 것을 확인할 수 있다. 학생 지도에 대한 내용뿐만 아니라 교사로서 어려운 상황을 겪을 때 챗GPT에 고민 상담을 해 보자. 그 누구보다 현실적이고 객관적인 조언을 해 줄 것이다.

2. 학생 상담하기

학급 내 갈등 상황이 있거나 학교생활에 어려움이 있는 등 학생을 상담할 때 챗GPT는 객관적인 아이디어를 제시하며 교사의 고민을 해결하는 데 실마리를 제공할 수 있다. 단, 제안된 조언은 참고 자료로 활용하며 교사의 경험과 판단에 따라 실천 방법을 결정하는 것이 중요하다.

1장 2장 3장 4장 5장 6장

4장. 챗GPT로 담임 업무 쉽게 하기

> 졸업 여행을 가고 싶지 않아 하는 학생을 상담하려고 해. 비용적인 측면 때문에 가지 않으려고 하는 건 아니야. 졸업 여행이 귀찮고 불편할 것이라고 생각하고 있어. 학부모도 학생이 졸업 여행을 가서 친구들과 마지막으로 좋은 추억을 만들었으면 하는 마음이야. 졸업 여행에 가도록 설득하고 싶은데 구체적으로 설득할 수 있는 방법을 알려줘.

학생을 졸업 여행에 설득하기 위해서는, 학생의 입장에서 공감하면서 동시에 여행의 가치를 인식할 수 있도록 하는 것이 중요합니다. 아래에 구체적인 설득 방법을 제시할게요.

1. 공감과 이해를 먼저 표현하기
 - 학생의 감정을 인정하기: "졸업 여행이 귀찮고 불편할 것 같다는 네 생각, 충분히 이해해. 새로운 환경이나 단체 생활이 불편할 수 있어."
 - 불안감 해소: "혹시 무엇이 가장 걱정되거나 불편할 것 같니? 우리가 미리 준비해서 그런 부분들을 최소화할 수 있을 거야."

2. 졸업 여행의 가치를 설명하기
 - 친구들과의 마지막 추억: "졸업 여행은 친구들과 함께 보내는 마지막 큰 이벤트야. 이후로는 각자 다른 길을 가게 될 가능성이 높아서, 이 기회를 통해 좋은 추억을 쌓을 수 있어."
 - 새로운 경험과 도전: "졸업 여행은 평소에 경험하지 못한 새로운 것을 경험할 기회이기도 해. 너에게 있어 이 여행이 색다른 추억이 될 거라고 생각해."
 - 학교 생활의 마무리: "졸업 여행은 학교생활의 마무리이자 앞으로의 새로운 시작을 준비하는 과정이기도 해. 이 여행을 통해 학교생활을 잘 마무리할 수 있어."

3. 부모님의 기대와 마음 전달하기
 - 부모님의 입장 소개: "부모님께서도 네가 졸업 여행에서 친구들과 좋은 시간을 보냈으면 하셔. 그동안의 학창 시절을 잘 마무리하는 중요한 시간으로 여기고 계셔."
 - 감정적 연결: "부모님은 네가 행복한 추억을 많이 만들어 가길 바라셔. 부모님의 기대와 사랑을 한 번 더 생각해 보면 좋을 것 같아."

4. 실질적인 준비 제안

- 불편함 줄이기 위한 준비: "네가 불편하게 느낄 만한 부분들을 미리 준비하면 훨씬 수월하게 다녀올 수 있을 거야. 예를 들어, 편한 옷이나 개인 물품들을 챙기거나, 미리 친구들과 의논해서 일정을 함께 짜 보는 것도 방법이야."
- 여행 중 역할 제안: "만약 네가 조금이라도 더 편하게 다녀오고 싶다면, 여행 중에서 네가 잘할 수 있는 역할을 맡아보는 것도 좋아. 리더 역할이나 사진 촬영, 기록 등을 맡아서 여행을 더 의미 있게 보낼 수 있을 거야."

5. 선택의 기회를 제공하기

- 최종 결정 유도: "결국은 네가 선택할 문제야. 하지만 이 기회를 놓치면 후회할 수도 있을 것 같아. 한 번 더 잘 생각해 보고, 마지막으로 친구들과의 시간을 보내는 게 어떨까?"

학생이 스스로 결정을 내릴 수 있도록 시간을 주는 것도 중요합니다. 설득의 핵심은 학생의 입장을 존중하면서, 졸업 여행이 가지는 의미와 장점을 자연스럽게 전달하는 것입니다.

3. 학급 활동

1. 시험 기간 응원 카드 만들기

시험 기간이 되면 학급 이벤트로 개별 포장된 간식과 함께 응원 문구를 적은 쪽지를 준비하는 경우가 많다. 학생마다 챗GPT를 사용하면 손쉽게 학생들을 위한 시험 기간 응원 카드를 만들 수 있다.

> 도서관에서 열심히 공부하고 있는 한국의 10대 소년/소녀를 그려 줘. 책상 옆에는 책들이 쌓여 있어.

여기 열심히 공부하고 있는 한국의 10대 소년과 소녀의 그림이 있습니다. 책상 옆에 책들이 쌓여 있고, 도서관의 따뜻하고 아늑한 분위기가 느껴지네요. 도움이 필요하시면 말씀해 주세요!

먼저 열심히 공부하고 있을 학생들을 상상하며 챗GPT에 그림을 하나 그려 달라고 한다. 그 후 학생들을 위한 응원 문구를 작성하도록 하자.

> 시험을 앞둔 중학교 학생에게 보낼 응원의 마음이 담긴 짧은 문구를 10개 작성해 줘.

물론입니다! 다음은 시험을 앞둔 중학교 학생에게 보낼 수 있는 짧은 응원의 문구 10개입니다:

1. "너라면 할 수 있어! 최선을 다해봐!"
2. "너의 노력은 반드시 빛을 발할 거야. 힘내!"
3. "조금만 더 힘내자! 좋은 결과 있을 거야!"
4. "준비한 만큼 잘할 거야. 자신감을 가져!"
5. "시험, 너의 시간이다! 파이팅!"
6. "네가 자랑스러워. 마지막까지 최선을 다해!"
7. "너의 꿈을 위해 힘내! 잘 해낼 거야!"

8. "한 걸음 한 걸음, 넌 점점 더 나아지고 있어!"

9. "힘들어도 포기하지 마! 너는 최고야!"

10. "응원할게! 네가 원하는 결과를 얻길 바라!"

이 문구들이 학생에게 힘이 되길 바랍니다!

> 노력과 성취에 관련된 명언 10개 알려 줘.

물론입니다! 다음은 노력과 성취에 관련된 명언 10개입니다:

1. "노력은 배신하지 않는다." - 유재석
2. "성공은 결과가 아니라 과정이다." - 알렉스 노블
3. "성공은 하루아침에 이루어지지 않는다. 꾸준한 노력과 인내가 필요하다." - 헨리 워드 비처
4. "위대한 일은 단지 한순간의 행동이 아니라, 작은 노력들이 모여서 이루어진다." - 빈센트 반 고흐
5. "노력 없이 얻을 수 있는 것은 없다." - 소포클레스
6. "성공의 열쇠는 실패해도 포기하지 않는 것이다." - 앨버트 하버드
7. "위대한 성취는 노력과 끈기의 결실이다." - 새뮤얼 존슨
8. "할 수 있다는 믿음이 반이다." - 시어도어 루스벨트
9. "성공은 열정적으로 좋아하는 일을 할 때 온다." - 프랭크 타이거
10. "노력은 당신을 놀랍도록 멀리 데려다 줄 것이다." - 패트리샤 하이스미스

이 명언들이 당신에게 영감을 주길 바랍니다!

챗GPT로 만든 이미지에 응원 문구나 명언을 넣어 학생들에게 전달하면 의미 있는 선물이 될 것이다.

2. 친구 칭찬하는 수식어 만들기

2022년 방영된 인기 드라마 <이상한 변호사 우영우>를 보면 주인공인 우영우가 항상 자신을 도와준 친구를 '봄날의 햇살'로 표현하며 고마운 마음을 전달하는 장면이 나온다. 학생들에게도 평소 자신에게 도움을 준 고마운 친구를 빗대어 표현하여 마음을 전달할 수 있는 학급 활동을 진행할 수 있다.

'따뜻한 햇살'처럼 고마운 친구를 빗대어 나타낼 수 있는 형용사와 명사 각각 10개씩 알려 줘.

물론입니다! '따뜻한 햇살'처럼 고마운 친구를 나타낼 수 있는 형용사와 명사를 각각 10개씩 알려드릴게요.

형용사:

1. 따뜻한
2. 밝은
3. 포근한
4. 부드러운
5. 희망찬
6. 환한
7. 다정한
8. 평화로운
9. 순수한
10. 기분 좋은

명사:

1. 바람
2. 빛
3. 안식처
4. 위로
5. 등불
6. 이불
7. 미소
8. 호수
9. 손길
10. 마음

이 단어들을 조합하여 친구에게 고마운 마음을 표현해 보세요!

표로 정리해 줘

형용사와 명사 조합

	형용사	명사
1	따뜻한	바람
2	밝은	빛
3	포근한	안식처
4	부드러운	위로
5	희망찬	등불
6	환한	이불
7	다정한	미소
8	평화로운	호수
9	순수한	손길
10	기분 좋은	마음

형용사와 명사 조합을 표로 정리했습니다. 도움이 되었길 바랍니다! 다른 필요한 사항이 있으면 언제든지 말씀해 주세요.

학생들에게 위와 같은 표를 제시한 후 평소 고마웠던 친구들을 표현하는 수식어를 작성하게 하고 간단한 메시지를 작성하게 한다.

학생들이 작성한 메시지를 캔바(Canva)와 같은 이미지 제작 사이트를 통해 편집하여 전달하면 특별한 학급 활동을 진행할 수 있다.

3. 학급 행사 노래 만들기

요즘 학급 행사 때나 학급 학생들을 위해 노래를 만들어 주는 노래 제작 AI 사이트가 유용하게 활용되고 있다. 대표적인 사이트로는 Suno가 있는데 원하는 곡의 스타일, 가사를 넣으면 그럴듯한 노래가 만들어진다. 챗GPT로 반의 특성을 담은 노래 가사를 만들어 보자.

#역할
너는 20년 경력의 작사가야.

#명령
중학교 2학년 3반 반 아이들을 위한 노래를 만들고 싶어. 다음 내용을 바탕으로 가사를 만들어 줘.

2학년 3반 밝고 활기차고 학교 행사에 적극적이고 즐겁게 참여함. 친구들 간의 갈등도 대화로 해결하고 서로 배려함. 도움반 학생을 잘 챙기고 학급 회장을 잘 따르고 믿음. 체육대회 때 함께 협동하고 격려하며 열심히 참여함. 수업 태도가 좋아 교과 선생님들에게 많은 칭찬을 받음.

여기 중학교 2학년 3반 아이들을 위한 노래 가사입니다. 아이들의 밝고 활기찬 에너지를 담고, 서로 배려하며 협동하는 모습을 표현했습니다:

[1절]
우린 2학년 3반, 빛나는 하루
함께라면 언제나 웃음이 가득해
학교 행사가 열리면, 손을 맞잡고
적극적으로 참여해, 모두가 주인공

[코러스]

우린 서로를 믿고, 함께 나아가

대화로 푸는 갈등, 마음이 하나 돼

서로를 배려하며, 높이 올라가

우린 하나의 팀이야, 3반을 기억해

[2절]

도움이 필요한 친구도 함께해

우리가 만들어 가는 세상은 더 따뜻해

학급 회장 믿으며, 하나로 뭉쳐

체육대회도 승리 향해 달려가

[코러스]

우린 서로를 믿고, 함께 나아가

대화로 푸는 갈등, 마음이 하나 돼

서로를 배려하며, 높이 올라가

우린 하나의 팀이야, 3반을 기억해

[브리지]

수업 시간에도 반짝이는 눈빛

선생님들도 칭찬해, 참 잘한다고

우리의 꿈을 위해, 힘차게 걸어가

함께라면 두렵지 않아, 어디든 갈 수 있어

[코러스]

우린 서로를 믿고, 함께 나아가

대화로 푸는 갈등, 마음이 하나 돼

서로를 배려하며, 높이 올라가

우린 하나의 팀이야, 3반을 기억해

이 가사는 아이들의 단합력과 배려심, 그리고 학교생활에서의 열정적인 모습을 잘 담아냈습니다.

기본 가사가 만들어졌으니 이것을 활용해서 학교 일정에 맞춰 그때 그때 필요한 가사를 만들 수 있다. 이제 체육대회 반가를 만들어 보자.

너는 20년 경력의 작사가야.
중학교 2학년 3반 반 아이들을 위한 노래를 만들고 싶어.

다음 내용을 바탕으로 가사를 만들어 줘. 곧 있을 학교 체육대회를 모두 건강하고 안전하게 마칠 수 있길 바람. 최고보단 최선을 다하는 모두가 되길. 서로 응원하고 격려하며 즐거운 시간을 보낼 수 있길.

여기 곧 있을 학교 체육대회를 위한 가사입니다. 건강과 안전을 기원하며, 최선을 다하고 서로 응원하는 2학년 3반의 모습을 담아냈습니다.

[1절]
햇살 아래 우리 모두 모였네
뛰고 달리며, 함께 만들어갈 꿈
최고가 아니어도 괜찮아
우리의 목표는 최선을 다하는 것

[코러스]
건강하게, 안전하게
우린 함께 달려가
응원과 격려 속에
즐거움이 넘쳐나
승리보다 더 중요한 건
함께한 이 순간이야
우린 하나 되어, 3반이니까

[2절]
서로의 손을 잡고 힘을 내
어떤 순간에도 웃음 잃지 말자
우리의 목표는 기록이 아닌
함께한 노력과 마음속의 열정

[코러스]

건강하게, 안전하게

우린 함께 달려가

응원과 격려 속에

즐거움이 넘쳐나

승리보다 더 중요한 건

함께한 이 순간이야

우린 하나 되어, 3반이니까

[브리지]

모두가 빛나는 이 자리에서

최고가 아니어도 우린 빛나

함께여서 더 특별한 이 시간

우리의 발걸음은 언제나 하나

[코러스]

건강하게, 안전하게

우린 함께 달려가

응원과 격려 속에

즐거움이 넘쳐나

승리보다 더 중요한 건

함께한 이 순간이야

우린 하나 되어, 3반이니까

이 가사는 체육대회의 본질을 강조하며, 최고보다는 서로를 응원하고 격려하는 가치를 담았습니다.

가사를 만들었으니 Suno 사이트에서 노래를 완성해 보자.

▼ SUNO에서 노래 만들기

1 Suno(https://suno.com/) 사이트에 접속한 후 'Sign In'을 눌러 회원 가입을 한다.

2 좌측 창에서 Create 버튼을 누른다.

3 Custom 버튼을 누른다.

4 Lyrics 창에서 챗GPT의 가사를 붙여넣기 한다.

5 Style of Music 창에는 원하는 음악 스타일을 입력한다.

6 제목이 있다면 제목을 입력한다.

7 하단에 Create 버튼을 누르면 노래가 만들어진다.

학급 행사뿐만 아니라 인성 교육 등 다양한 주제로 손쉽게 노래를 만들 수 있다.

4. 진학 지도

1. 추천서 작성하기

종종 장학생 선정과 진학을 위해 학생 추천서를 작성해야 하는 경우가 있다. 허위로 작성하면 안 되기 때문에 실제로 관찰하였던 학생의 특징을 프롬프트로 제시하여 추천서를 쉽게 작성해 보자.

#역할
당신은 한국의 중학교에서 근무하는 교사야.

#명령
학급 담임으로서 학급 학생을 장학생으로 추천하는 추천서를 작성해 줘.

#제약 조건
500자 이내로 작성해 줘.
학생의 인성과 리더십을 강조해 줘.

[추천서]

본 학급의 담임 교사로서 김○○ 학생을 장학생으로 추천합니다. 김○○은 학업 성적이 우수할 뿐만 아니라, 뛰어난 인성과 리더십을 겸비한 학생입니다. 학급 내에서 항상 동급생들을 배려하며, 어려운 상황에서도 긍정적인 태도로 문제를 해결하려 노력합니다. 또한, 학급 대표로서 다양한 행사와 활동을 주도하며, 학생들 간의 화합을 이끄는 리더십을 발휘해 왔습니다. 김○○의 성실함과 책임감은 학급 전체에 좋은 본보기가 되었으며, 장학생으로서의 자질을 충분히 갖추고 있다고 확신합니다.

분량과 강조하고 싶은 특성을 입력하면 이에 맞는 추천서가 완성된다.

#역할
너는 한국 중학교의 교사야.

#명령
학급 담임으로서 학급 학생을 ○○재단의 장학금 수여 장학생으로 추천하는 추천서를 구체적으로 작성해 줘.

#제약 조건
1. 800자 이내로 작성해 줘.
2. 학생의 자기 주도적 학습과 솔선수범하는 모습을 강조해 줘.

[추천서]

저는 본교 3학년 2반 담임 교사로서 김○○ 학생을 ○○재단의 장학금 수여 장학생으로 추천하고자 합니다. 김○○은 자기 주도적 학습 능력이 뛰어난 학생으로, 항상 학업에 대한 강한 열정을 보여 왔습니다. 수업 시간 외에도 스스로 추가 학습 자료를 찾아보고, 심화 학습을 통해 자신의 학문적 역량을 꾸준히 향상해 왔습니다. 학업 계획을 세우고 이를 철저히 실천하는 김○○의 모습은 동급생들에게 좋은 본보기가 되어 왔습니다.

또한, 김○○은 학급 내에서 솔선수범하는 태도로 항상 친구들을 이끌어 주었습니다. 학교 행사나 동아리 활동에서도 자발적으로 참여하고, 다른 학생들이 어려움을 겪을 때마다 앞장서서 도와주는 모습을 자주 볼 수 있었습니다. 특히 학급 내 갈등 상황에서는 중재자의 역할을 훌륭히 수행해, 학급의 화합과 단결을 이끄는 데 크게 이바지했습니다.

김○○의 이러한 자기 주도적 학습 태도와 솔선수범하는 행동은 학급 전체에 긍정적인 영향을 미쳤으며, 장학생으로서의 자질을 충분히 갖추고 있다고 확신합니다. ○○재단의 장학금이 김○○에게 주어진다면, 그녀는 앞으로도 더욱 큰 성장을 이룰 것이며, 학교와 사회에 좋은 영향을 끼치는 인재로 성장할 것입니다.

이에 김○○ 학생을 ○○재단의 장학금 수여 장학생으로 강력히 추천합니다.

 장학생으로 추천할 때뿐만 아니라 학생의 진학을 위한 추천서를 작성할 때도 동일한 방식으로 활용할 수 있다.

2. 인재상 파악하기

보통 학생이 진학하길 원하는 학교마다 요구하는 인재상이 있기 마련이다. 이 인재상에 대해 구체적으로 파악한다면 자소서를 작성하거나 면접을 준비할 때 많은 도움이 된다. 먼저 학교 홈페이지에 들어가 교육 목표와 같은 항목에 있는 인재상에 대한 내용을 복사한 뒤 이를 챗GPT에 다음과 같이 제시하면 각 학교에서 요구하는 인재상을 파악할 수 있다.[1]

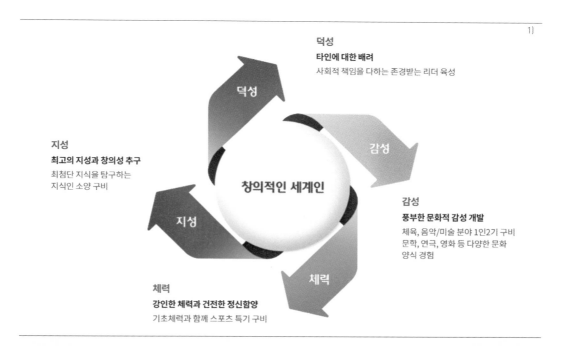

이 이미지에는 학생들이 창의적이고 균형 잡힌 인재로 성장하기 위해 필요한 네 가지 덕목이 강조되어 있습니다. 아래는 이 네 가지 덕목 및 관련 특성입니다:

1. 지성(Intelligence)
 - 특성: 최첨단 지식을 탐구하고 창의성을 추구하는 능력
 - 덕목: 깊은 지식과 비판적 사고 능력을 개발하여 지식인으로 성장

---

1) 출처: 하나고등학교 홈페이지

2. 덕성(Virtue)

- 특성: 타인에 대한 배려와 존중을 바탕으로 한 사회적 책임감
- 덕목: 리더십과 도덕적 책임감을 갖춘 존경받는 인재로 성장

3. 감성(Sensitivity/Emotional Development)

- 특성: 다양한 문화적 경험을 통해 풍부한 감수성 개발
- 덕목: 예술, 문학, 체육 등 다양한 문화 활동을 통해 정서적, 문화적 감수성 함양

4. 체력(Physical Strength)

- 특성: 강인한 체력과 건전한 정신을 바탕으로 한 신체적 능력
- 덕목: 기초 체력과 스포츠 특기를 개발하여 신체적 건강과 정신적 안정감 강화

이 네 가지 덕목은 상호 보완적으로 작용하며, 균형 잡힌 인재로서의 성장을 촉진합니다.

위와 같은 덕목을 기르기 위해 필요한 과정을 알려줘.

위에서 설명한 덕목들을 기르기 위해 필요한 과정은 다음과 같습니다:

1. 지성(Intelligence)

- 과정:
  - **문제 해결 중심 학습**: 학생들이 실제 문제를 해결하면서 비판적 사고와 창의성을 기를 수 있도록 합니다.
  - **독서와 연구**: 다양한 분야의 책을 읽고 연구하며, 지식을 넓히고 깊이 있게 탐구하는 습관을 형성합니다.
  - **토론과 발표**: 자신의 생각을 논리적으로 정리하고 발표하며, 다양한 관점을 존중하고 비판적으로 평가하는 능력을 기릅니다.

2. 덕성(Virtue)

- 과정:
  - **윤리 교육**: 학생들에게 윤리적 딜레마 상황을 제시하고, 그것에 대한 해결 방안을 모색하며 도덕적 판단력을 키웁니다.
  - **봉사 활동**: 지역 사회나 학교에서 자원봉사 활동을 통해 타인에 대한 배려와 사회적 책임감을 체험하게 합니다.
  - **리더십 훈련**: 다양한 리더십 프로그램에 참여하여 협동심과 리더십을 기르고, 타인을 존중하며 이끌 수 있는 능력을 배양합니다.

3. 감성(Sensitivity/Emotional Development)
 - 과정:
  - **예술 교육**: 미술, 음악, 문학 등 예술 수업을 통해 감수성을 풍부하게 하고, 다양한 표현 방식을 경험하게 합니다.
  - **문화 체험**: 연극, 영화, 전시회 등 다양한 문화적 경험을 통해 정서적 깊이를 더하고, 타문화에 대한 이해와 공감을 증진합니다.
  - **정서 교육**: 자신의 감정을 인식하고 표현하는 방법을 배우며, 타인의 감정도 이해할 수 있도록 정서 지능을 개발합니다.

4. 체력(Physical Strength)
 - 과정:
  - **정기적인 체육 활동**: 체력 증진을 위한 체육 수업과 운동 프로그램에 참여하여 신체 건강을 유지합니다.
  - **스포츠 클럽 참여**: 축구, 농구 등 스포츠클럽 활동을 통해 협동심과 경기력을 키우고, 체력과 정신력을 함께 강화합니다.
  - **건강한 생활 습관**: 규칙적인 생활, 균형 잡힌 식사, 충분한 수면을 통해 신체적 건강을 관리하는 법을 배웁니다.

5. 균형 있는 성장을 위한 통합 프로그램
  - **통합적 교육 과정**: 지성, 덕성, 감성, 체력의 네 가지 덕목을 통합적으로 기를 수 있는 교육 프로그램을 설계하고 실행합니다. 예를 들어, 프로젝트 기반 학습에서 팀워크를 통해 덕성과 지성을, 실습 과정을 통해 감성과 체력을 함께 기르는 통합적 접근을 고려할 수 있습니다.
  - **정기적 피드백과 자기 평가**: 학생들이 자신의 발전을 스스로 평가하고, 교사와의 피드백을 통해 지속적으로 성장할 수 있도록 지원합니다.

이러한 과정들은 학생들이 각 덕목을 균형 있게 발전시키고, 창의적이고 전인적인 인재로 성장할 수 있도록 돕습니다.

진학하고자 하는 학교에서 강조하는 학생의 덕목과 특성, 그리고 이를 개발하기 위한 과정을 정리해 주기 때문에 이에 부합하는 활동들에 참여하며 진학을 준비할 수 있다. 또한, 자소서를 작성할 때도 관련된 내용을 내용에 포함한다면 내실 있고 탄탄한 자소서가 될 것이다.

3. 자기소개서 첨삭하기

    학생들이 마이스터고등학교나 특목고 등 특정 고등학교를 준비하거나 대학교 진학을 준비할 때 자기소개서를 작성하곤 한다. 하지만 학생들은 대체로 글쓰기에 자신이 없으며 특히 스스로에 대한 자기 이해도가 낮으므로 자기소개서를 작성하는 것에 상당함 어려움을 느낀다. 학생 나름대로 내용을 작성해도 수정이 필요한 부분이 많은데 이럴 때 챗GPT의 도움을 받아 학생의 자기소개서를 쉽게 첨삭할 수 있다.

#역할
너는 한국의 중학교에서 근무하는 교사야.

#명령
다음 학생의 자기소개서를 읽고 수정이 필요한 부분을 구체적으로 알려 줘.

#제약 조건
자기소개서는 띄어쓰기 포함 500자 이내의 분량이 되어야 해.
주제는 자신의 장래 희망을 실현하기 위한 본교 졸업 후의 계획이야.

#자기소개서
○○고등학교에서 졸업을 한 후 군대에 갈예정입니다. 이후에는 건설 관련 기업에 취직할 예정입니다. 건설 기업에 취직하게 된다면 제가 좋아하는 일을 하며 행복한 삶을 살수 있는 기회가 생긴것이기 때문에 최선을 다할 것입니다. 또한, 해외 출장도 적극적으로 갈 것입니다.

학생의 자기소개서는 500자 이내라는 조건은 충족하지만, 문법적 오류와 내용의 구체성이 부족합니다. 아래에 수정이 필요한 구체적인 부분을 제안합니다.

수정 사항

1. 띄어쓰기와 문법 오류
    ○ "군대에 갈예정입니다" → "군대에 갈 예정입니다."
    ○ "살수 있는" → "살 수 있는"
    ○ "생긴것이기" → "생긴 것이기"

2. 구체성 부족

○ "건설 관련 기업"은 너무 일반적입니다. 학생이 어떤 분야의 건설 기업에 취직하고 싶은지 구체적으로 적으면 좋습니다. 예: "건축 설계" 또는 "현장 관리."

○ "제가 좋아하는 일"이 무엇인지 명확하지 않습니다. 건설과 관련하여 무엇을 좋아하는지 서술하는 것이 좋습니다. 예: "설계 작업" 또는 "현장 시공."

3. 내용의 일관성 및 논리 부족

○ 군 입대와 이후의 취업 계획 사이의 연관성이 설명되지 않습니다. "군 복무를 통해 얻고 싶은 경험이나 역량"을 연결하면 자연스럽습니다.

○ "해외 출장도 적극적으로 갈 것입니다"는 구체적인 계획으로 보이기 어렵습니다. 해외 출장의 목적이나 그로 인해 이루고자 하는 목표를 명확히 해야 합니다.

수정 예시

다음은 위의 수정 사항을 반영한 자기소개서 예시입니다.

저는 ○○고등학교 졸업 후 군 복무를 통해 책임감과 협동심을 기를 계획입니다. 이후 건축 설계를 전문으로 하는 건설 회사에 취직하여 제 꿈을 실현하고 싶습니다. 특히 건축 설계 과정에서 창의력을 발휘하고 팀원들과 협력하며 건물을 완성해 가는 과정에 큰 흥미를 느끼고 있습니다. 이를 위해 대학 졸업 후 전문 설계 소프트웨어를 익히고 관련 자격증을 취득할 계획입니다. 또한, 글로벌 건설 프로젝트에 참여하여 다양한 문화와 기술을 배우며 국제적 역량을 키우고 싶습니다. 이렇게 꿈을 향해 꾸준히 노력하며 건설 분야에서 인정받는 전문가가 되는 것이 제 목표입니다.

이 수정본은 문법과 논리가 보완되었으며, 학생의 장래 계획이 구체적이고 설득력 있게 표현되었습니다.

학생 대신 자기소개서를 작성해 주는 것은 적절하지 않으니 수정이 필요한 부분을 알려 주고 수정해 오라고 하면 된다. 이런 수정 과정을 거친다면 처음 학생이 작성하였던 자기소개서보다 더 구체적이고 완성도 높게 완성할 수 있을 것이다.

5. 학부모와 소통하기

1. 학부모 소통에 관한 조언 구하기

담임으로서 가장 어렵고 조심스러운 부분 중 하나는 학부모와 소통하는 일이다. 특히 비협조적이거나 학생과의 관계가 원활하지 않은 경우 더더욱 어렵다. 이런 경우 챗GPT에 적절한 소통 방법에 대한 조언을 구할 수 있다.

#역할
너는 학급 경영 전문 교사야.

#명령
너는 학부모와 상담을 해야 해. 학부모는 학생과의 관계가 좋지 않으며 학생과의 교류가 거의 없어. 이러한 학부모와 소통하는 방법에 대한 구체적인 조언을 해 줘.

학부모와의 관계가 어려울 때, 소통을 효과적으로 개선하기 위한 몇 가지 구체적인 전략을 제안할게요.

1. 긍정적인 첫 접촉 시도
- 관계가 원활하지 않더라도 긍정적인 첫인상을 심어 주는 것이 중요합니다. 학부모에게 학생의 장점이나 개선된 점을 먼저 언급하며 대화를 시작하세요. 예를 들어, "최근에 자녀가 수업에 적극적으로 참여하고 있어 기쁘게 생각합니다"와 같은 긍정적인 피드백을 줌으로써 대화의 문을 여는 것이 좋습니다.

2. 개인적인 접근
- 학부모가 개인적으로 더 신경 써야 할 부분이 무엇인지 파악하려는 노력이 필요합니다. 전화나 이메일 대신, 가능한 경우 개별 면담을 요청하여 직접적인 대화를 시도하는 것이 효과적일 수 있습니다. 대면이나 화상 미팅을 통해 학부모의 생각과 의견을 직접 듣는 기회를 만드세요.

3. 비판보다 협력 강조
- 학생의 문제에 대해 이야기할 때, 비판보다 학부모와 협력하려는 의도를 보여 주는 것이 중요합니다. 예를 들어, "자녀가 최근 수업 중 집중력이 떨어진 것 같은데, 함께 해결 방법을 찾아보면 좋겠습니다. 가정에서도 어떤 도움을 줄 수 있을까요?"와 같이 해결책을 함께 모색하는 방식으로 접근하세요.

4. 정기적인 소통

- 학부모가 학교와 멀어질 수 있는 원인 중 하나는 교사와의 소통이 불규칙하거나 필요할 때만 이루어지는 경우입니다. 정기적으로 학생의 학업 및 행동 상황을 알려주며, 학부모가 참여할 수 있는 기회를 제공하는 것이 좋습니다. 예를 들어, 월간 소식지나 정기 이메일 등을 통해 학급 소식을 전달하는 것도 효과적입니다.

5. 공감과 경청

- 학부모의 입장에서 생각하고 그들의 우려에 공감하는 것이 중요합니다. 만약 학부모가 불만을 표한다면, 이를 방어적으로 받아들이기보다는 학부모의 입장을 진지하게 듣고, 공감하는 태도를 보이세요. "그런 고민이 있으셨군요, 충분히 이해됩니다. 이 문제를 함께 해결할 방법을 찾아보겠습니다"와 같은 반응이 유용합니다.

6. 실질적인 지원 제안

- 학생의 학습이나 행동에 대해 학부모가 불안감을 느끼는 경우, 구체적인 지원 방법을 제안하는 것이 좋습니다. 예를 들어, 집에서 학습을 도울 수 있는 방법이나 학부모가 참고할 수 있는 자료를 제공하며, 이를 통해 학부모가 학생 교육에 더 효과적으로 참여할 수 있도록 도와주세요.

7. 학부모의 의견 존중

- 소통을 시도할 때 학부모의 의견을 무시하지 말고, 그들의 제안이나 우려를 반영하려고 노력하세요. "그 부분은 저도 생각해 본 적이 없었는데, 좋은 의견입니다. 함께 고려해 보겠습니다"와 같은 표현을 통해 학부모가 존중받는다는 느낌을 줄 수 있습니다.

이러한 방법을 통해 소통을 개선하면 학부모와의 관계가 더 긍정적으로 변화할 수 있습니다.

뻔한 내용이라고 느껴질 수 있으나 가장 기본적으로 지켜야 하는 원칙인 만큼 잘 숙지한다면 보다 더 원활하게 소통할 수 있게 될 것이다.

2. 안내 사항 전달하기

담임을 하다 보면 학부모와 연락할 일이 종종 있다. 중요 안내 사항을 전달할 때 포함되어야 하는 내용을 알려 주면, 챗GPT가 친절한 메시지를 작성해 준다.

#역할
너는 학교에서 30년간 근무한 교사야.

#명령
학부모에게 보낼 문자 작성해 줘.

#제한 조건
내일 졸업 앨범 촬영이 있으니 하복 교복을 입고 단정하게 등교할 수 있도록 챙겨 달라는 당부의 내용을 포함해 줘.

[학부모님께]

안녕하세요, 학부모님.

내일은 졸업 앨범 촬영이 진행될 예정입니다. 학생들이 하복 교복을 착용하고, 단정한 모습으로 등교할 수 있도록 준비 부탁드립니다. 중요한 날인 만큼 학생들이 좋은 추억을 남길 수 있도록 가정에서도 관심과 협조 부탁드리겠습니다.

감사합니다.

- [학교명] [교사명] 드림

다음과 같이 소규모 테마 여행 안내 메시지를 챗GPT의 도움을 받아 내용을 빠르게 작성할 수 있다.

#역할
너는 30년 차 교사야.

#명령
학생의 부모님에게 보낼 문자 메시지를 작성해 줘.

#제한 조건
내일 소규모 테마 여행을 떠나는 날이니 출발 시간인 오전 8시까지 늦지 않게 등교할 수 있도록 챙겨 달라는 당부의 내용을 담은 메시지를 적어 줘.
개인적으로 복용하는 약이 있다면 챙겨 달라는 내용도 포함해 줘.
친절하고 신뢰감 있는 말투로 작성해 줘.

안녕하세요, 학부모님.

내일은 아이들이 기다리던 소규모 테마 여행 출발일입니다. 출발 시간은 오전 8시이니, 늦지 않도록 여유 있게 등교 준비를 부탁드립니다. 또한, 아이가 복용 중인 개인 약이 있다면 꼭 챙겨 주시면 감사하겠습니다.

안전하고 즐거운 여행이 될 수 있도록 최선을 다하겠습니다. 감사합니다.

3. 칭찬 문자 자동화하기

학급을 운영할 때 긍정적인 학급 분위기를 형성할 수 있는 가장 효과적인 방법은 학생들의 긍정적인 행동이 인정받고 긍정적인 행동을 하는 것이 당연한 분위기를 만드는 것이다. 학생들의 긍정적인 행동을 장려하는 것은 바로 '칭찬'이다.

담임 교사는 학생들의 모습을 유심히 관찰하며 작지만 소중한 긍정적인 변화가 일어날 때 이를 학생과 부모에게 칭찬하면 된다. 칭찬의 방법은 거창하지 않다. 부모님에게 학생이 어떤 행동을 했는지, 그 행동이 어떤 점에서 훌륭한지, 그리고 마지막으로 칭찬을 통해 인정해 주실 것을 요청하면 된다.

다음과 같은 프롬프트를 제시한 이후부터는 간단하게 학생 이름과 학생 행동에 대해서만 입력하면 자동으로 칭찬 문자가 완성된다.

#역할
너는 경력 40년 차 선생님이야.

#명령
학부모에게 학생을 칭찬하는 문자를 작성해 줘.

#제한 조건
1. 친절하고 전문성이 드러나게 써 줘.
2. 인사, 칭찬, 교사가 느낀 감정에 대한 내용을 포함해 줘.

3. #이름, 칭찬거리를 바탕으로 작성해 줘.

#이름, 칭찬거리
민지 학급 단합대회를 적극적으로 준비함. 리더십을 발휘함.

#예시
안녕하세요. ○○반 ○○ 학생 담임입니다.

오늘 청소 당번이 아니었는데 ○○이가 자발적으로 남아서 반 청소를 했습니다. 교실 바닥을 반짝반짝 유리처럼 만들기 위해 최선을 다하더라고요! ○○○가 봉사 정신이 투철하고 책임감 있는 학생인 걸 알 수 있었습니다.

아이가 자발적으로 남아서 청소하는 모습을 보니 너무 기특했습니다. 학부모님께서 아이에게 책임감을 길러 주기 위해 많이 노력하셨던 결과가 아닐까 싶습니다.

안녕하세요. 2학년 ○○반 ○○ 학생 담임입니다.

○○가(이) 이번 학급 단합대회를 준비하며 정말 큰 역할을 해 주었기에 이렇게 연락드립니다. 준비 과정에서 민지는 적극적으로 의견을 제시하고 친구들을 독려하며, 리더십을 발휘하는 모습이 아주 돋보였습니다. 특히 친구들이 잘 따라올 수 있도록 배려하며 조율하는 모습을 보며 정말 대견하고 감동받았습니다.
이렇게 책임감 있고 따뜻한 리더로서의 모습을 보여 주는 ○○을(를) 보니, 학부모님께서 민지에게 많은 가르침을 주셨다는 것이 느껴졌습니다. 민지 덕분에 단합대회가 더 즐겁고 성공적으로 진행될 수 있었습니다.

언제나 ○○가(이) 주위에 긍정적인 영향을 주는 모습에 감사하며, 앞으로도 ○○의 성장을 응원하겠습니다. 감사합니다.

그다음부터는 학생 이름과 칭찬거리만 적으면 된다.

> **유나, 쉬는 시간에 수업 내용을 어려워하는 친구를 도와줌.**
>
> 안녕하세요. 2학년 ○○반 유나 학생 담임입니다.
>
> 오늘 유나가 쉬는 시간에 수업 내용을 어려워하는 친구를 돕는 모습을 보았습니다. 차분하게 설명해 주고 친구가 이해할 때까지 정성껏 도와주는 모습이 정말 인상 깊었습니다. 유나는 학급에서 친구들에게 항상 따뜻하게 다가가고, 배려심 있는 행동을 보여주는 학생이라는 것을 다시 한 번 느낄 수 있었습니다. 이런 아름다운 마음씨와 책임감은 유나를 키워 주신 학부모님의 가르침에서 비롯된 것이 아닐까 생각합니다. 유나 덕분에 친구도 자신감을 얻고 즐겁게 공부할 수 있었습니다.
>
> 언제나 밝고 배려심 많은 유나의 모습을 보며 뿌듯함과 감동을 느낍니다. 앞으로도 유나의 성장을 진심으로 응원하겠습니다. 감사합니다.

이렇게 칭찬 문자를 작성해 보낸다면 학부모는 자기 아이의 좋은 면모를 발견하고 칭찬하는 것에 대하여 상당히 긍정적인 반응을 보낼 것이다. 아무리 작은 일이라도 학생의 긍정적인 모습을 발견하고 칭찬한다면 학부모는 교사에 대해 신뢰를 가지게 되어 좋은 관계를 형성할 수 있게 되고, 아이들은 학교에서 한 행동으로 집에서도 칭찬받으니 계속해서 좋은 모습을 보이고자 하는 긍정적인 동기 부여가 될 것이다.

4. 결석 관련 안내 문자 자동화하기

학부모가 교사에게 알릴 내용이 있을 때 문자로 소통하는 경우가 자주 있다. 답장을 보낼 때 신중하게 내용을 작성하느라 생각보다 시간이 오래 걸리는데 챗GPT로 손쉽게 답장을 작성해 보자.

> #역할
> 너는 경력 40년 차 선생님이야.
>
> #역할
> #학부모 메시지는 학부모가 나에게 쓴 메시지야. 답장을 써 줘.

#제한 조건

1. 친절하고 전문성이 드러나게 써 줘.

2. 앞으로는 [학부모 메시지]만 쓸 거야. 그럼 네가 알아서 답장을 잘해 줘.

3. 학교 홈페이지에 결석계를 올려 달라는 말을 포함해서 써 줘.

#학부모 메시지

안녕하세요? 선생님, 짱구 엄마입니다. 지금 짱구가 친구들과 주말 동안 놀다가 다리를 다쳐서 학교에 가기가 힘든 상태입니다. 오늘은 학교를 결석해야 할 것 같아요.

안녕하세요, 짱구 어머님.

연락 주셔서 감사합니다. 우선 짱구가 다리를 다쳤다니 정말 마음이 아픕니다. 지금은 무엇보다도 충분히 쉬면서 빠르게 회복할 수 있도록 돌봐 주시길 바랍니다.

오늘 결석과 관련해서는 학교 홈페이지에 결석계를 올려 주시면 처리에 참고하겠습니다. 혹시 필요하신 서류나 추가 안내가 있다면 언제든지 말씀해 주세요.

짱구가 빨리 나아져서 건강한 모습으로 학교에 올 수 있기를 바랍니다. 가정에서도 꼭 안부 전해 주세요. 감사합니다.

5장

챗GPT로
수업 준비
쉽게 하기

1. 수업 아이디어 얻기(수업안 작성하기)

2. 수업 자료 만들기(PPT 만들기)

3. 수업 성장 일지 쓰기

4. 유튜브 동영상 요약하기

5. 인성교육 문구 만들기

6. 글쓰기 지도하기

7. 동아리 운영하기

1. 수업 아이디어 얻기(수업안 작성하기)

교사의 본업은 수업이다. 수업을 통해 교사는 학생들과 직접 소통하며, 자신의 교육관을 가장 잘 드러낼 수 있다. 교사가 중요하게 생각하는 교육 철학과 가치는 수업의 내용, 방식, 그리고 학생들과의 상호 작용을 통해 자연스럽게 표현된다.

다른 교사나 최신 기술의 도움을 받더라도, 교사가 지향하는 교육 철학과 학생의 필요를 반영한 맞춤형 수업을 준비하기 위해서는 교사의 많은 고민과 상당한 준비 과정이 필요하다. 특히 수업 전 수업안을 작성하는 데 많은 시간이 소요되는데, 이 과정에서 챗GPT를 활용하면 수업 설계와 수업안 작성에 큰 도움이 된다. 챗GPT는 교사의 아이디어를 구조화하고, 수업안에 필요한 요소들을 효율적으로 정리해 줌으로써 교사가 수업 준비에 쏟는 시간을 절약할 수 있다.

#역할 부여
너는 수업 설계 지도안 작성 전문가야.

#명령
내가 수업 지도안의 [양식]을 제시해 줄게 그럼 너는 [학습 목표]를 달성할 수 있는 지도안을 최대한 자세하게 작성해 줘. 실제로 수업에 사용할 수 있도록 실제적인 내용이 들어가면 좋겠어. 앞으로는 [학습 목표]만 쓸게.

[양식]
1열에는 '과정(분)' 2열에는 '중심 내용' 3열에는 '배움 활동' 4열에는 '자료(□), 유의점(○), 교과 역량(♥)'

[학습 목표]
∘ 생활 속에 있는 인공지능을 알고 인공지능의 역할을 이해할 수 있다.
∘ 인공지능이 잘할 수 있는 일과 인간이 잘할 수 있는 일을 나눌 수 있다.
∘ 인공지능으로 인간의 능력을 보완하고 더 나은 세상을 만들어 나갈 태도를 갖춘다.

#제한 조건

1. 양식은 4열 표 형식을 유지하며, 과정은 도입, 전개, 정리로 나눠 작성할 것.
2. 도입에는 전시 학습 상기, 동기 유발, 배움 주제 확인하기 내용을 각각 별도 행으로 작성할 것.
3. 전개에는 수업 주요 활동 3가지를 각각 별도 행으로 작성할 것.
4. 정리에는 배움 나누기, 차시 예고하기 내용을 각각 별도 행으로 작성할 것.
5. 실제 수업에서 활용 가능한 구체적이고 실질적인 내용을 포함할 것.

[지도안 예시]

과정	내용	교사 활동	학습자 활동
도입	**전시학습 상기**: 이전 시간에 배운 내용 복습 (AI와 인간의 역할 구분)	AI와 인간이 잘할 수 있는 일을 다시 한 번 상기시키며, 지난 시간에 배운 내용을 복습한다.	AI와 인간의 역할에 대해 대답하며 기억해낸다.
	동기유발: AI가 인간보다 잘할 수 있는 것과 인간이 잘하는 것에 대해 퀴즈를 제시	퀴즈 형식으로 흥미를 유발하며, AI의 역할에 대해 간단한 설명을 한다.	퀴즈에 참여하여 답변하고, 흥미를 느낀다.
	배움 주제 확인: 오늘의 수업 주제를 "AI와 인간의 협력"으로 소개	수업 목표를 명확히 하고, 배움의 중요성에 대해 간단히 설명한다.	수업 주제에 관심을 가지고 목표를 이해한다.
전개	**주요 활동 1**: AI와 인간의 역할을 다양한 상황에서 비교하며 협력 모델 탐구	다양한 상황을 예시로 들어 AI와 인간의 협력 가능성을 제시하고, 팀별 토론을 유도한다.	팀별로 다양한 사례를 논의하며 AI와 인간의 협력 방식을 탐구한다.
	주요 활동 2: 협력의 장점과 단점을 분석하는 활동	토론 내용을 바탕으로 협력의 장점과 단점을 정리하도록 유도하며, 피드백을 제공한다.	협력의 장점과 단점을 정리하여 발표하고 토론한다.
	주요 활동 3: AI와 인간의 협력으로 문제 해결 시나리오 만들기	시나리오 작성을 돕고, 각 팀의 발표를 지원하며, 추가 질문을 통해 심층적인 이해를 돕는다.	각 팀이 시나리오를 작성하고 발표하며, 피드백을 받는다.
정리	**배움 나누기**: 오늘 배운 내용을 함께 정리하며 질문에 대한 답을 찾아봄	오늘 배운 내용을 요약하며, 학생들에게 질문을 통해 피드백을 제공하고 응답한다.	배운 내용을 정리하고 질문하며 학습을 마무리한다.
	차시 예고: 다음 시간에는 "AI의 미래 역할"을 주제로 다룰 예정임	다음 시간의 학습 내용을 간단히 소개하고, 예습할 수 있는 자료를 제공한다.	다음 수업 주제에 대한 흥미를 가지고 예습 자료를 받아본다.

이 예시는 AI와 인간의 협력에 대한 수업을 주제로 작성한 지도안이야. 수업 내용을 실제적인 활동으로 구성해 보았어.

수업안을 작성하기 위해서는 먼저 수업의 대략적인 정보를 제공해야 한다. 학습 목표, 성취 기준, 교과서 내용, 수업에서 사용할 도구 등을 구체적으로 제시할 수 있다. 하지만 무엇보다 중요한 것은 교사가 원하는 수업에 대한 설명이다. 교사가 어떤 교육 철학을 바탕으로 수업을 구성하려고 하는지, 수업에서 강조하고 싶은 부분이 무엇인지에 대한 설명이 있어야 챗GPT가 교사가 의도하는 방향에 맞춘 수업안을 작성할 수 있다.

[학습 목표]
　1. 통신 수단의 발달로 달라진 사람들의 모습을 설명할 수 있다.
　2. 통신 수단의 발달로 달라진 사람들의 생활 모습을 다양하게 표현할 수 있다.
　·3. 통신 수단의 발달에 따라 달라진 사람들의 생활 모습에 관심을 갖는다.

이제부터 내가 #을 써서 내가 원하는 수업에 대해 설명할게. 그럼 그 내용을 잘 반영해서 수업 지도안을 작성해 줘.

#전개 부분에서 역할극 활동
#학생 중심의 수업 활동
#적절한 부분에서 시청각 자료 활용

수업 주제: 통신 수단의 발달과 변화된 생활 모습
대상 학년: 4학년
수업 시간: 40분

학습 목표
1. 통신 수단의 발달로 달라진 사람들의 모습을 설명할 수 있다.
2. 통신 수단의 발달로 달라진 사람들의 생활 모습을 다양하게 표현할 수 있다.
3. 통신 수단의 발달에 따라 달라진 사람들의 생활 모습에 관심을 갖는다.

수업 지도안

도입 (5분)
- 통신 수단의 주제를 간단히 소개한다.
- 학생들에게 오늘날 우리가 멀리 있는 사람들과 소통하는 데 사용하는 도구들에 대해 생각하게 한다.
  (예: 스마트폰, 인터넷 등)
- 과거와 현재의 통신 방법을 비교하는 이미지나 영상 클립을 보여 준다.

전개 (30분)

1. 역할극 활동 (#전개 부분에서 역할극 활동)

- 학생들을 소그룹으로 나눈다. 각 그룹은 다른 시대(예: 전화 발명 전, 전화 발명 후, 현대의 스마트폰 사용)를 역할극으로 표현한다.
- 각 시대에 사람들이 어떻게 소통했는지, 그들의 삶이 당시 통신 수단에 어떻게 영향을 받았는지 표현 하도록 한다.

2. 학생 중심의 수업 활동 (#학생 중심의 수업 활동)

- 역할극 활동 후, 학생들이 각 시대의 생활 방식을 비교하도록 한다.
- 학생들이 스스로 토론을 주도하며, 통신 수단의 발달이 일상생활, 일, 가정, 여가 등에 미친 영향을 논의하도록 한다.
- 각 그룹은 자신들이 생각한 통신 도구의 변화가 사람들의 일상에 어떤 영향을 미쳤는지 발표한다.

3. 시청각 자료 활용 (#적절한 부분에서 시청각 자료 활용)

- 통신 수단의 발달 과정을 보여 주는 영상을 시청한다.
- 시각 자료를 통해 학생들이 시대별 통신 수단의 변화를 시각적으로 이해할 수 있도록 돕는다.

정리 (5분)

- 통신 수단이 어떻게 발전해 왔는지, 그리고 사람들의 생활에 어떤 변화를 가져왔는지 요약한다.
- 학생들에게 현대의 통신 수단이 없었다면 자기 삶이 어떻게 달라졌을지에 대해 짧은 글을 써보도록 한다.

이 계획안에 더 수정하거나 추가하고 싶은 부분이 있을까요?

2. 수업 자료 만들기(PPT 만들기)

　　매번 수업마다 수업용 프레젠테이션을 제작하는 것은 많은 교사에게 어려운 일이다. 많은 선생님이 자신이 보유한 다양한 자료를 활용해 나만의 수업을 준비하고 싶어 하지만, 시간과 에너지가 부족해 여의치 않은 경우가 많다. 하지만 챗GPT의 도움을 받는다면 수업용 프레젠테이션 자료를 쉽게 만들 수 있다. 교사가 이미 준비한 자료들을 챗GPT에 제공하면, 이를 바탕으로 주제에 맞는 슬라이드 구성을 제안하고, 각 슬라이드에 들어갈 핵심 내용을 정리해 준다.

　　이렇게 챗GPT를 이용하여 프레젠테이션의 개요를 짠 후 손수 PPT를 만들어도 되지만, 좀 더 쉽고 간단하게 만들 수 있는 방법도 있다. 감마(GAMMA)는 인공지능을 활용해 프레젠테이션을 자동으로 생성할 수 있는 혁신적인 플랫폼이다. 이 도구를 사용하면 교사가 반복적으로 겪는 수업 준비를 위한 프레젠테이션 제작의 어려움을 크게 덜 수 있다.

https://gamma.app/

예를 들어, "마음을 전하는 글쓰기"라는 주제를 설정하면, 감마는 해당 주제에 맞는 슬라이드 제목과 내용을 프롬프트를 통해 제안하고 구성해 준다. 그 후 슬라이드의 개수, 콘텐츠의 형식, 주제별 세부 내용 등을 입력하면, 감마는 이를 바탕으로 자동으로 슬라이드를 만들어 준다.

▼ 감마(Gamma) 프레젠테이션 생성하기

1 새로 만들기를 선택한다.

2 생성 버튼을 클릭한다.

3 프레젠테이션 주제를 정한다.

4 슬라이드의 개수, 콘텐츠의 형식, 주제별 세부 내용 등을 입력한다.

감마는 또한 챗GPT의 API를 활용해 프레젠테이션 내용을 효과적으로 요약하거나, 슬라이드에 들어갈 내용을 생성하는 기능도 제공한다. 사용자는 텍스트를 입력한 후, 슬라이드 스타일을 선택하거나 콘텐츠를 요약한 후 생성 버튼을 누르면 자동으로 원하는 프레젠테이션이 완성된다. 교과서나 텍스트 형태의 수업 자료를 입력하면 자동으로 수업을 위한 프레젠테이션을 제작할 수 있는 것이다.

▼ 정해진 텍스트로 생성하기

1 텍스트로 붙여넣기 버튼을 클릭한다.

❷ 프레젠테이션 내용에 들어갈 텍스트를 입력한 후 만들고 싶은 양식을 정해 계속 버튼을 클릭한다.

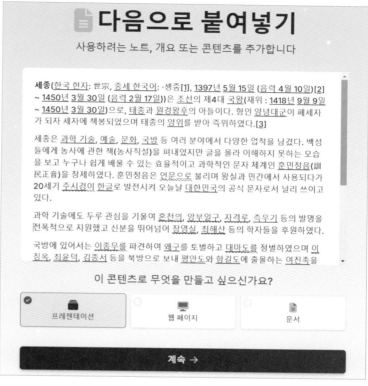

❸ 슬라이드 스타일을 선택하거나 세부 설정을 한 후 계속 버튼을 클릭 해 슬라이드를 생성한다.

❹ 이미지를 수정하거나 텍스트를 추가 수정하는 등 슬라이드를 편집할 수 있다.

프레젠테이션의 스타일도 다양한 선택이 가능하다. 원하는 테마를 저장해 반복적으로 사용할 수도 있다. 또한, 인공지능이 디자인과 레이아웃을 자동으로 조정해 주기 때문에 사용자는 더 이상 세부적인 디자인에 신경 쓸 필요 없이 수업 자료 제작에만 집중할 수 있다. 프레젠테이션에 들어가는 이미지도 인공지능으로 생성할 수 있다.

3. 수업 성장 일지 쓰기

교사로서 성장을 위해 수업 기록은 매우 큰 도움이 된다. 수업 중 발생한 상황을 돌아보고, 학생들의 반응이나 학습 결과를 분석함으로써 수업의 질을 개선할 수 있다. 그러나 수업 준비만으로도 빠듯한 시간을 쪼개어 수업 내용을 성찰하거나 수업 일지를 쓰는 것은 쉽지 않다. 챗GPT를 활용해 수업에 대한 간단한 정보와 함께 수업하면서 느꼈던 점을 간단하게 정리해 보자. 수업에 대한 나의 생각이 잘 드러나는 수업 일지를 쉽게 작성할 수 있다.

#역할
너는 매 순간 성장하기를 바라는 초등교사야.

#명령
내가 제공하는 [성장 일지 개요] '날짜 / 수업 주제 / 학습 활동 / 성장한 내용 / 반성 및 개선점 / 다음 목표' 순서의 정보를 바탕으로, 수업에 대한 고민과 성장에 대한 노력이 담긴 일기 형식으로 작성해 줘.

[성장 일지 개요]
날짜 / 수업 주제 / 학습 활동 / 성장한 내용 / 반성 및 개선점 / 다음 목표

#제한 조건

 1. 개조식이 아닌 문장 형식으로 작성할 것.

 2. 일기 형식으로 자연스럽게 연결되도록 작성하며, 교사의 고민과 성장이 드러나도록 할 것.

 3. 제공된 모든 정보를 반영하되, 지나치게 딱딱하거나 단조롭지 않게 감정을 포함해 작성할 것.

알겠습니다! 수업에 대한 성장 일지 개요를 알려 주시면 제가 일기 형식으로 작성하겠습니다.

다음과 같이 챗GPT에 수업에 대한 정보를 입력해 보자. 앞서 챗GPT와 약속한 내용들을 순서에 맞게 간단히 정리하여 입력하면 된다.

9월 6일 / 삼각형의 세 각의 합 구하기 / 색종이를 잘라서 삼각형 세 각의 합이 180도라는 것을 알게 함 / 구체적 조작물을 사용해서 학생의 흥미를 끌어냄 / 일부 학생들이 조작 활동을 어려워함 / 구체적 조작 활동 이후에 형식적인 조작 활동을 끌어내기로 함.

2024년 9월 6일, 맑고 청명한 날

오늘은 '삼각형의 세 각의 합 구하기'라는 주제로 수업을 진행했다. 색종이를 이용해 삼각형을 직접 잘라 보고, 그 세 각의 합이 180도임을 학생들이 직접 발견하게 하는 활동을 했다. 구체적인 조작물을 활용한 덕분에 학생들의 흥미를 끌어내는 데 성공했고, 여러 학생이 이 활동을 매우 즐거워했다. 삼각형을 자르고 각을 맞춰 보는 과정에서 자신이 직접 그 답을 찾는 듯한 눈빛이 반짝이는 모습을 보니 뿌듯했다.

하지만 일부 학생들이 조작 활동을 어려워했다는 점이 아쉽다. 특히 손을 많이 사용하는 활동에 익숙하지 않은 학생들은 삼각형을 정확하게 자르는 것 자체가 부담스러워 보였다. 이들에게는 조금 더 세심한 설명과 도움이 필요했던 것 같다. 이번 활동에서는 조작물을 활용해 개념을 도입하는 데 중점을 두었지만, 형식적인 조작 활동으로 이어지기에는 다소 부족했던 것 같다.

그래서 앞으로는 구체적인 조작 활동 이후에 형식적인 조작 활동으로 자연스럽게 연결되도록 수업을 더 체계적으로 구성해야겠다는 다짐을 했다. 학생들이 활동을 통해 얻은 경험을 토대로 더 깊이 있는 이해를 할 수 있도록 형식적인 조작 활동의 비중을 늘려가야 할 것이다.

9월 25일 / 물질의 상태 변화 / 얼음을 녹여서 고체에서 액체로 상태 변화 실험하기, 물의 온도에 따른 변화 관찰하기 / 실험 도구를 사용하는 데 학생들의 흥미를 끌었음. 학생들이 실험에 적극적으로 참여함 / 몇몇 학생들이 온도를 정확히 측정하는 데 어려움을 겪음 / 측정 도구를 더 익숙하게 다룰 수 있는 연습 시간을 추가할 것.

2024년 9월 25일, 흐린 날

오늘 과학 수업에서는 '물질의 상태 변화'를 주제로 학생들과 함께 얼음을 녹여 고체에서 액체로 상태가 변화하는 과정을 실험했다. 실험을 통해 학생들이 직접 물의 온도 변화를 관찰하고, 그에 따른 상태 변화를 확인할 수 있도록 했다. 실험 도구를 사용하는 과정에서 학생들의 흥미가 매우 높았고, 모두 적극적으로 참여하는 모습을 보여 주었다. 특히 실험을 통해 실제로 상태 변화가 일어나는 것을 눈으로 확인하며 많은 학생이 매우 신기해했다.

그러나 실험 도중 몇몇 학생들이 온도를 정확히 측정하는 데 어려움을 겪는 모습을 보였다. 온도계를 사용하는 것이 익숙하지 않아서 측정값이 들쑥날쑥한 경우가 많았다. 이러한 문제를 해결하기 위해서는 실험 전, 도구를 사용하는 방법에 대해 좀 더 연습할 수 있는 시간이 필요할 것 같다. 학생들이 실험 도구를 더 익숙하게 다루는 법을 배우면 앞으로의 실험 활동에서 더욱 정확하고 자신감 있게 참여할 수 있을 것이다.

다음 수업에서는 도구 사용에 대한 기본적인 연습을 포함해 학생들이 조금 더 수월하게 실험을 진행할 수 있도록 도와줘야겠다. 실험 수업을 통해 얻는 과학적 개념뿐만 아니라, 정확한 관찰과 측정의 중요성도 함께 가르쳐 줄 수 있도록 노력해야겠다.

4. 유튜브 동영상 요약하기

때때로 수업 자료로 유튜브 동영상을 활용하는 경우가 있는데 동영상 내용으로 학습 자료를 만드는 등 수업에 활용하고자 할 때는 다음 방법을 통해 동영상을 요약할 수 있다. 유튜브 동영상 요약을 위해서는 크롬(Chrome)에서 확장 프로그램인 'YouTube

Summary with ChatGPT & Claude'를 설치해야 한다. 다음 단계를 따라 설치 후 유튜브 동영상을 요약해 보자.

▼ YouTube 요약 크롬 확장 프로그램 설치, 사용하기

1 크롬으로 접속한 후 구글에서 'YouTube Summary with ChatGPT & Claude'를 검색하여 Chrome Web Store에 들어간다.

2 'Chrome에 추가' 버튼을 누른다.

3 앱 권한에 대한 팝업창이 뜨면 '확장 프로그램 추가'를 누른다.

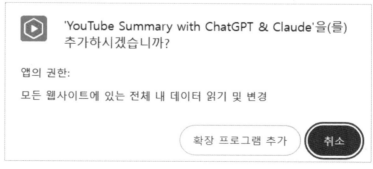

설치가 완료되면 추가적인 프로그램을 실행할 필요 없이 유튜브에서 영상을 재생할 때 자동으로 확장 프로그램이 실행된다.

4 유튜브 영상을 재생하면 우측에 다음과 같이 'Transcript & Summary'가 활성화된다.

5 원하는 영상을 재생한 후 상단에 있는 Transcript & Summary 버튼을 클릭하면 영상을 전사해 준다.

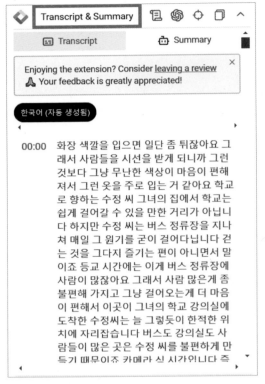

영어권 나라에서 만든 확장 프로그램이기 때문에 한국어 동영상보다 영어 동영상을 훨씬 더 정확하게 기록해 준다.

6 상단에 있는 'Summarize Video'를 누르면 자동으로 챗GPT와 연계되어 타임스탬프에 따라 내용을 5개로 요약해 준다.

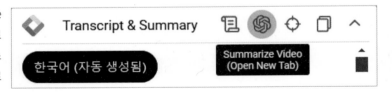

7 다음과 같이 동영상이 요약된 것을 확인할 수 있다.

Here's a summary of the video:

- **Inner Experience and Preference**: (00:00) The video features a person named Soo-jung who prefers simple and unobtrusive clothing, values solitary walks over crowded places, and feels more comfortable in quiet environments. She works at a library where she finds solace in fewer interpersonal interactions.

- **Internal vs. External Perception**: (01:04) Soo-jung's demeanor often leads others to misinterpret her as being unhappy or unapproachable, despite her actual comfort in solitary activities. She reflects on how her reserved nature affects others' perceptions of her.

- **Differences in Personality Traits**: (03:12) The video explores the differences between introverts and extroverts, citing how introverts often find solitude energizing, whereas extroverts thrive on social interactions. It notes that introverts might feel uneasy or stressed in social situations but find peace in quieter, solitary activities.

- **Cultural and Social Expectations**: (07:41) The discussion highlights how Korean society tends to favor extroverted traits, such as being sociable and outgoing. Introverted individuals may struggle in environments that prioritize extroverted qualities, affecting their professional and social lives.

- **Scientific Insights**: (15:08) Research indicates that introverts have a higher sensitivity to external stimuli compared to extroverts, as evidenced by their greater saliva response to lemon juice in experiments. This biological difference supports the idea that personality traits are deeply rooted in physiological responses.

다만, 한국어 영상의 경우에도 영어로 요약해 주기 때문에 한국어로 번역해 달라는 프롬프트를 추가적으로 제시해야 한다.

한국어로 해석해 줘.

다음은 비디오의 요약입니다:

- **내면의 경험과 선호**: (00:00) 비디오에서는 수정 씨라는 인물이 소개되며, 그녀는 단순하고 눈에 띄지 않는 옷을 선호하고, 혼자 걷는 것을 군중 속에서 이동하는 것보다 더 편안하게 느낀다고 말합니다. 그녀는 도서관에서 일하면서 사회적 상호작용이 적은 조용한 환경을 즐깁니다.

- **내적 vs 외적 인식**: (01:04) 수정 씨의 차분한 태도는 종종 다른 사람들이 그녀를 불행하거나 접근하기 어려운 사람으로 오해하게 만듭니다. 그녀는 자신의 내향적인 성향이 다른 사람들에게 어떻게 비치는지에 대해 생각합니다.

- **성격 특성의 차이**: (03:12) 비디오는 내향성과 외향성의 차이를 탐구합니다. 내향적인 사람들은 혼자 있는 시간을 에너지를 얻는 반면, 외향적인 사람들은 사회적 상호작용에서 활력을 얻습니다. 내향적인 사람들은 사회적 상황에서 불편함을 느끼지만 조용한 활동에서 편안함을 찾습니다.

- **문화적 및 사회적 기대**: (07:41) 한국 사회는 사교적이고 외향적인 특성을 선호하는 경향이 있으며, 이는 직장과 사회생활에서 내향적인 사람들이 어려움을 겪게 할 수 있습니다.

- **과학적 통찰**: (15:08) 연구에 따르면 내향적인 사람들은 외부 자극에 대해 더 민감하게 반응하며, 이는 레몬즙에 대한 침 분비량 측정에서 나타났습니다. 이 생리학적 차이는 성격 특성이 생리적 반응에 깊이 뿌리박고 있다는 것을 지지합니다.

전체 영상을 보지 않아도 내용을 파악할 수 있을 정도로 내용을 충분히 잘 요약해 주어 시간을 무척 절약할 수 있다.

5. 인성 교육 문구 만들기

학교에서 인성 교육을 할 때 즉각적인 메시지를 전달하기 위해 문구를 사용하는 경우가 많다. 주제에 맞는 인성 교육 문구를 작성해 보자.

#역할
너는 한국의 학교에서 근무하는 교사야.

#명령
학교 폭력 예방 문구를 10개 작성해 줘.

#제약 조건
15자 이내로 작성해 줘.
흥미롭게 작성해 줘.

1. 친구는 보물, 소중히 여겨요!
2. 함께라서 더 행복한 교실!
3. 작은 배려, 큰 우정의 시작!
4. 폭력 NO, 웃음 YES!
5. 손이 아닌 마음을 내밀어요.
6. 화해의 손길이 멋진 용기!
7. 다름을 존중, 우정을 키워요.
8. 말 한마디, 친구의 미소!
9. 함께 걸으면 더 멀리 갑니다.
10. 친구랑 싸움 대신 꿈을 나눠요!

#역할
너는 한국의 학교에서 근무하는 교사야.

#명령
금연 교육 문구를 10개 작성해 줘.

#제약 조건
15자 이내로 작성해 줘.
흥미롭게 작성해 줘.

1. 담배 대신 건강을 선택하세요!
2. 내 숨은 소중한 보물입니다.
3. 연기가 아닌 꿈을 피워요!
4. 금연은 내일의 나를 위한 선물
5. 담배 끊고, 삶에 향기를 더해요.
6. 건강은 금연에서 시작됩니다.
7. 작은 결심이 큰 변화를 만듭니다.
8. 담배 OUT! 건강 UP!
9. 멋진 인생, 담배 없이도 충분해!
10. 내 가족을 위해 금연하세요.

이러한 문구는 학생들이 지속적으로 접할 수 있도록 포스터나 책갈피 등에 새길 수 있다. 학생들은 이 문구들을 자연스럽게 접하면서 올바른 가치관을 형성하기 때문에 인성 교육이 이루어질 수 있게 된다.

6. 글쓰기 지도하기

많은 학생이 글쓰기에 어려움을 겪거나 흥미를 느끼지 못하는 경우가 많다. 그 주요 이유 중 하나는 무엇에 대해 글을 써야 할지 막막하다는 점이다. 이때 교사의 역할은 학생들이 글쓰기에 흥미를 느낄 수 있도록 흥미로운 글쓰기 제재를 제시하는 것이다. 단순히 일기 쓰기, 경험한 일 쓰기, 편지 쓰기 등 글의 유형을 제시하는 것보다, 명확하고 흥미로운 주제를 제공하는 것이 학생들의 적극적이고 활발한 글쓰기 활동을 더욱 효과적으로 끌어낼 수 있다.

예를 들어, 특정 경험이나 상상을 기반으로 한 주제, 또는 학생들이 공감할 수 있는 실생활과 관련된 주제를 제시하면, 학생들은 글쓰기에 대한 부담을 덜고 창의적으로 자신을 표현하는 데 더 큰 흥미를 느낄 수 있다. 챗GPT를 활용하여 이러한 글쓰기 주제를 추천받을 수 있다.

초등학생이 쓸 수 있는 재미있고 엉뚱한 글쓰기 주제 10가지를 추천해 줘.

초등학생들이 즐겁게 상상력을 펼칠 수 있는 재미있고 엉뚱한 글쓰기 주제 10가지를 추천할게!

1. 나의 애완동물이 갑자기 말을 한다면?
 - 하루 동안 애완동물이 사람처럼 대화를 나눌 수 있다면 어떤 일이 벌어질지 상상해 보세요.

2. 내가 발명한 이상한 기계
 - 내가 만든 기계가 어떤 일을 하고, 그 기계가 세상을 어떻게 바꾸는지 이야기해 보세요.

3. 우주여행을 떠난다면 만나고 싶은 외계인
 - 우주여행을 떠나면서 만나는 특이한 외계인 친구에 대해 글을 써 보세요.

4. 내가 작아져서 개미 나라에 간다면?
 - 개미만큼 작아져서 개미 왕국을 탐험하는 모험을 상상해 보세요.

5. 나만의 비밀 마법사 학교
- 특별한 능력을 가진 마법사들이 모이는 나만의 학교를 상상하고, 그곳에서 벌어지는 일을 써 보세요.

6. 시간을 되돌릴 수 있는 시계를 가진다면?
- 시간을 되돌릴 수 있는 시계를 발견했을 때, 어떤 과거의 순간을 다시 체험하고 싶은지 써 보세요.

7. 하루 동안 슈퍼 히어로가 된다면?
- 어떤 능력을 가진 슈퍼 히어로가 되고 싶은지, 그 능력으로 무엇을 할지 상상해 보세요.

8. 공룡이 아직 살아 있다면?
- 공룡들이 현재 시대에 살아 있다면 사람들과 어떻게 지낼지 써 보세요.

9. 모든 동물이 내 친구가 된다면?
- 동물들과 대화하고 모험을 떠나면서 벌어지는 재미있는 이야기를 써 보세요.

10. 내가 만약 꿈속 나라의 왕/여왕이 된다면?
ㅈ- 꿈속 나라를 통치하게 된다면 어떤 법을 만들고, 어떤 일이 일어날지 상상해 보세요.

이 주제들은 상상력을 자극하고 자유롭게 표현할 수 있는 기회를 줄 거예요!

글쓰기에 어려움을 느끼는 학생들에게는 도입부 몇 문장을 제시하는 것이 효과적이다. 글의 시작을 어떻게 해야 할지 막막해하는 학생들에게는 간단한 도입부를 제공함으로써 글을 이어 나가는 데 도움을 줄 수 있다.

글쓰기 과정에서 학생들이 흥미를 느끼도록 몇 가지 재미있는 설정을 추가할 수 있다. 예를 들어, 일상적인 주제에 상상력을 더해 새로운 상황을 만들어 낼 수 있다. "내가 갑자기 투명 인간이 된다면?", "시간을 거슬러 과거로 돌아간다면?", "외계인이 학교에 찾아왔다면?"과 같은 설정을 통해 학생들은 자신의 상상력을 펼치며 글쓰기에 몰입할 수 있다.

1장 2장 3장 4장 5장 6장

5장: 챗GPT로 수업 준비 쉽게 하기

예를 들어, "어느 날 아침, 나는 특별한 소리가 들려 창문을 열었다. 그러자…"와 같은 문장을 제시하면, 학생들은 그다음 내용을 상상하며 자연스럽게 글을 써 내려갈 수 있다. 이런 방식으로 글쓰기의 첫 단계를 쉽게 시작하게 함으로써 점차 글쓰기에 대한 자신감을 키워 나갈 수 있다.

'1. 나의 애완동물이 갑자기 말을 한다면?' 이 주제로 글을 쓰려고 해. 글의 첫 도입 부분 세 문장을 대신 써 줄래?

오늘 아침, 나는 평소처럼 나의 강아지 '보리'에게 아침을 주고 있었다. 그런데 갑자기 보리가 내 옆에 와서 "오늘은 간식이 좀 적은데?" 하고 말을 하는 것이 아닌가! 나는 깜짝 놀라 눈을 크게 뜨고, 보리를 다시 쳐다봤다.

이러한 설정은 글쓰기를 단순한 과제가 아닌 재미있는 활동으로 느끼게 만들어 학생들이 창의적으로 글을 쓰는 과정에서 더 큰 흥미를 느끼게 해 준다.

이 도입부를 사용하여 추가 설정을 해 줘. 반려동물이 하는 말을 나만 들을 수 있다는 내용으로 시작하는 도입부를 바로 이어서 추가해 줘.

물론! 사용하신 도입부에 바로 이어서 반려동물이 하는 말을 나만 들을 수 있다는 설정을 추가한 내용을 이어서 써 드릴게요.

오늘 아침, 나는 평소처럼 나의 강아지 '보리'에게 아침을 주고 있었다. 그런데 갑자기 보리가 내 옆에 와서 "오늘은 간식이 좀 적은데?" 하고 말을 하는 것이 아닌가! 나는 깜짝 놀라 눈을 크게 뜨고 보리를 다시 쳐다봤다.

그 순간, 엄마가 부엌으로 들어왔지만 보리가 무슨 말을 했는지 전혀 들리지 않는 듯했다. "엄마, 보리가 말했어!"라고 외쳤지만, 엄마는 "너 또 꿈꾸는 거 아니야?"라며 웃기만 했다. 내가 보리의 말을 들을 수 있는 유일한 사람이라는 사실을 그제야 깨달았다.

이런 식으로 설정을 이어가면, 주인공이 혼자만 반려동물의 말을 들을 수 있다는 상황이 흥미롭게 전개될 수 있어요!

학생들이 흥미로운 주제와 설정을 쉽게 이해하고 글쓰기에 자신감을 가질 수 있도록, 챗GPT를 활용해 예시 글을 생성해 보여 줄 수 있다. 재미있는 주제와 설정을 기반으로 예시 글을 제시하면, 학생들은 이를 참고해 자신의 글을 발전시킬 수 있다.

이 도입부로 시작하는 재미있는 글을 초등학교 4학년 수준에서 완성해 줘.

오늘 아침, 나는 평소처럼 나의 강아지 '보리'에게 아침밥을 주고 있었다. 그런데 갑자기 보리가 내 옆으로 다가오더니, "오늘은 간식이 좀 적은데?" 하고 말을 하는 게 아닌가! 나는 깜짝 놀라 눈을 동그랗게 뜨고 보리를 바라봤다.

"보리야, 너... 말을 할 수 있어?" 나는 믿기지 않는다는 듯이 물었다. 그런데 보리는 태연하게 꼬리를 흔들며 말했다. "응, 원래 할 수 있었어. 그런데 굳이 할 필요가 없었거든." 나는 완전히 어리둥절해졌다. 내 강아지가 말을 할 줄 알았다면 진작에 알았어야 하는데!

그때 엄마가 주방으로 들어와 나를 불렀다. "뭐 하니? 늦겠다, 학교 가야지." 나는 당황해서 "엄마! 보리가 말했어!"라고 외쳤다. 하지만 엄마는 나를 한 번 쳐다보더니 웃으며 말했다. "보리가 말을 했다고? 너 아직 꿈에서 안 깼구나." 나는 다시 보리를 바라봤다. 그런데 보리는 여전히 나를 쳐다보며 웃고 있었다.

"너 진짜로 말을 할 수 있는 거야? 왜 나만 들을 수 있는 건데?" 내가 조심스럽게 물었다. 보리가 대답했다. "글쎄, 너는 나랑 특별한 친구니까. 우리 둘만의 비밀이야." 나는 그 말에 조금 기분이 좋아졌다. 보리와 나만 알 수 있는 비밀이라니, 뭔가 신나는 일이 벌어질 것 같았다.

그날 이후, 나는 학교에서 돌아오면 보리와 대화를 나누곤 했다. 보리는 내가 몰랐던 강아지 세계의 비밀을 알려주었다. "사실 우리 강아지들은 집에 혼자 있을 때 아주 바빠. 우리는 집을 순찰하고, 널 지키기 위해 열심히 일하는 거야." 나는 보리의 이야기에 깜짝 놀랐다. 이제 보리와 나는 단순한 주인과 강아지가 아니었다. 우리는 서로 말을 할 수 있는, 진짜 친구가 된 것이다.

---

7. 동아리 운영하기

1. 동아리 이름 짓기

대부분의 학교는 1교사 1동아리 운영을 원칙으로 하고 있기 때문에 동아리 개설 기간만 되면 어떤 동아리를 해야 할지 고민이 된다. 동아리 이름은 학생 생활기록부에도 남고, 동아리 이름이 흥미로우면 더 많은 학생이 관심을 가지기 때문에 신중하게 결정해야한다. 챗GPT에 동아리 특징을 주고 이름을 지어 달라고 부탁해 보자

> 너는 10년 차 교사야. 중학교에서 동아리를 운영하려고 해. 프랑스 친구들과 교류하는 국제 교류반이야. 흥미로운 이름을 10개 지어 줘.

국제 교류반의 흥미를 끌 수 있는 멋진 이름을 아래와 같이 제안합니다:

1. 프랑스 어드벤처 클럽 (French Adventure Club)
2. 글로벌 프렌즈 아카데미 (Global Friends Academy)
3. 프랑스 커넥션 (French Connection)
4. 문화 익스체인지 서클 (Culture Exchange Circle)
5. 프랑코 필리아 (Franco-Philia)
6. 프렌치 다이얼로그 클럽 (French Dialogue Club)
7. 세계의 다리 (Bridges of the World)
8. 프렌치 하모니 (French Harmony)
9. 인터내셔널 프렌즈 네트워크 (International Friends Network)
10. 글로벌 이노베이터즈 (Global Innovators)

이 이름들은 학생들이 국제 교류와 프랑스 문화에 흥미를 느끼고 적극적으로 참여하도록 유도하는 데 도움이 될 것입니다.

> 한국어 단어로 지어 줘.

프랑스 친구들과 교류하는 국제 교류반을 위한 흥미로운 한국어 이름은 다음과 같습니다:

1. 프랑스 친구들
2. 글로벌 친구 사랑
3. 프랑스 교류회
4. 문화 나눔터
5. 프랑스와의 만남
6. 세계 속 친구들
7. 프랑스 이야기
8. 문화 다리
9. 프렌치 하모니
10. 세계 친구들

이 이름들은 학생들이 국제 교류와 프랑스 문화에 흥미를 느끼고 적극적으로 참여하도록 유도하는 데 도움이 될 것입니다.

좀 더 흥미롭게 지어 줘.

프랑스 친구들과 교류하는 국제 교류반을 위한 좀 더 흥미롭고 매력적인 한국어 이름을 제안합니다:

1. 프랑스 꿈의 다리
2. 글로벌 프렌즈 앙상블
3. 프랑스 만남의 장
4. 문화 어드벤처 클럽
5. 프랑스와의 설렘
6. 세계를 잇는 다리
7. 프렌치 판타지아
8. 프랑스와의 소통
9. 문화 교류의 향연
10. 세계 친구들의 모험

이 이름들은 학생들에게 국제 교류와 프랑스 문화에 대한 흥미를 더욱 자극할 수 있을 것입니다.

위와 같이 동아리 이름을 정할 때 챗GPT가 지어 준 이름을 참고할 수 있다.

2. 동아리 계획서 작성하기

동아리 계획서에 들어갈 활동 목표와 활동 내용도 적어 달라고 해 보자. 동아리 목표에 포함되면 좋을 키워드를 제시해 주면 보다 정교한 결과물이 나온다.

#역할
너는 30년 경력의 중학교 교사야.

#명령
동아리 목표 5가지와 매 동아리 시간 때 할 활동을 추천해 줘.

#제한 조건
총 10번의 동아리 시간이 있어.
동아리 목표에는 세계 시민 역량이라는 단어를 포함해 줘.
동아리는 프랑스에 있는 현지 학생들과 문화 교류를 하는 동아리야.

아래는 프랑스 현지 학생들과의 문화 교류를 목표로 하는 동아리의 5가지 목표와 10번의 동아리 시간에 할 활동 추천입니다.

동아리 목표
1. 세계 시민 역량 강화를 위한 다문화 이해 증진: 프랑스 문화와 전통을 학습하고, 서로 다른 문화에 대한 존중과 이해를 높인다.
2. 프랑스어 회화 능력 향상: 기본적인 프랑스어 회화 기술을 배워 현지 학생들과의 소통 능력을 키운다.
3. 글로벌 이슈에 대한 인식 확대: 프랑스와 한국의 사회적, 환경적 이슈를 비교하고 토론하여 세계 시민으로서의 책임감을 느낀다.
4. 창의적 표현력 배양: 프랑스 문화와 예술을 주제로 한 프로젝트를 통해 창의성을 발휘하고 팀워크를 증진한다.
5. 정서적 연대감 형성: 문화 교류를 통해 동아리 구성원 간의 신뢰와 유대감을 강화한다.

동아리 활동 일정
1. 1회차: 프랑스 문화 소개
 - 활동: 프랑스의 역사, 전통, 축제에 대한 발표 및 영상 시청.

2. **2회차: 프랑스어 기초**
- **활동:** 간단한 프랑스어 인사말과 표현 배우기 (롤플레잉 포함).

3. **3회차: 음식 문화 체험**
- **활동:** 프랑스 요리 재료와 조리법 알아보기, 간단한 프랑스식 요리 만들기.

4. **4회차: 미술 및 예술**
- **활동:** 프랑스의 유명 화가와 예술 작품 감상 후, 자신만의 작품 그리기.

5. **5회차: 프랑스 영화 감상**
- **활동:** 프랑스 영화를 시청하고, 영화의 주제와 메시지를 주제로 토론하기.

6. **6회차: 음악과 춤**
- **활동:** 프랑스의 전통 음악과 춤 배우기, 작은 공연 준비.

7. **7회차: 환경 문제 논의**
- **활동:** 프랑스와 한국의 환경 문제 비교 및 해결 방안에 대해 그룹별 토론.

8. **8회차: 문화 교류 프로젝트**
- **활동:** 프랑스 친구들에게 보내는 메시지 카드 만들기 및 각자의 문화 소개하기.

9. **9회차: 스포츠 활동**
- **활동:** 프랑스의 전통 스포츠 알아보기 및 간단한 게임 진행.

10. **10회차: 성과 발표회**
- **활동:** 동아리 활동하는 동안 배운 내용을 발표하고, 프랑스 친구들에게 동아리 활동을 소개하는 행사 준비

이런 목표와 활동을 통해 학생들이 다양한 문화를 경험하고 세계 시민으로서의 역량을 키울 수 있을 것입니다!

동아리가 있는 날마다 어떠한 활동을 할지 생각하는 것도 큰 부담이 될 수 있지만, 챗GPT의 도움을 받으면 각 동아리의 특성과 성격에 맞는 흥미로운 활동에 대한 아이디어를 얻을 수 있다.

3. 동아리 로고 만들기

다음으로는 동아리 포스터를 만들거나 동아리 전시회와 같은 행사를 할 때 사용할 수 있는 동아리 로고를 만들어 보자.

프랑스 학생들과 교류하는 국제 교류반 동아리 로고를 만들어 줘. 프랑스 에펠탑과 한국을 대표하는 상징물을 둘 다 넣어 줘. 텍스트 없이 심플하게 만들어 줘.

새로운 로고 디자인을 준비했습니다. 프랑스를 상징하는 에펠탑과 한국을 상징하는 태극 문양을 심플하게 조합한 디자인입니다. 텍스트 없이 깔끔한 디자인으로 제작했습니다. 확인해 보세요!

다양한 스포츠를 체험해 보는 종합 스포츠반 동아리 로고를 만들어 줘. 배경은 하얀색으로 하고 텍스트 없이 만들어 줘.

새로운 로고가 완성되었습니다! 하얀 배경에 잘 어울리는 디자인입니다. 다른 수정이나 추가 요청이 있다면 언제든지 말씀해 주세요.

텍스트를 제외해 달라는 프롬프트를 넣지 않는 경우에는 정체를 알 수 없는 언어가 나오기 때문에 깔끔한 로고를 위해서는 텍스트를 빼는 것이 좋다. 무료 버전의 챗GPT 에서는 이미지 생성을 할 수 있는 한도가 있으므로 뤼튼(wrtn)을 활용하는 것도 좋은 방법이다.

4. 동아리 활동 결과 보고서 작성하기

동아리의 운영 성격에 따라 학년말에 활동 결과 보고서를 작성해야 하는 경우가 있는데, 동아리 특성을 알려 주면 목표와 기대 효과를 이에 맞추어 작성해 준다.

#역할
너는 20년 차 교사야.

#명령
학생 동아리에 대한 결과 보고서를 작성해 줘.

#제한 조건
　1. 동아리는 학생들이 연극 공연을 하는 연극반이야.
　2. 연극반 동아리 운영을 통해 달성하고자 하는 목표 3가지, 기대 효과 3가지 포함해 줘.
　3. 개조식으로 공문서의 형태를 갖추어 작성해 줘.

연극반 동아리 활동 결과 보고서

1. 보고 제목
2024학년도 연극반 동아리 활동 결과 보고

2. 보고 목적
연극반 동아리 운영을 통해 학생들의 창의적 사고력과 협동심을 함양하며, 활동 결과를 공유하고 향후 운영 방향을 제시하고자 함.

3. 운영 개요

- 동아리명: 연극반
- 운영 기간: 2024년 3월~11월
- 참여 인원: 15명(학생 13명, 지도교사 1명, 외부 연극 전문가 1명)
- 주요 활동:
    1. 연극 이론 학습 및 실습
    2. 대본 작성 및 연습
    3. 연극 공연(2024년 10월, 교내 축제)

4. 운영 목표

1. 학생들의 창의적 표현력과 문제 해결 능력 향상
2. 협동심과 의사소통 능력을 바탕으로 한 공동 작업 경험 제공
3. 연극을 통해 다양한 관점을 이해하고 감수성을 함양

5. 기대 효과

1. 학생들의 자기 표현력 및 무대 자신감 증대
2. 협동심을 통한 팀워크와 갈등 해결 능력 강화
3. 문화 예술 활동에 대한 관심과 이해도 제고

6. 활동 주요 성과

- 연극 공연: 교내 축제에서 '청소년의 꿈과 현실'을 주제로 한 연극 공연 성공적 개최
- 학생 성과: 학생들의 발표 및 무대 자신감 상승, 참여 학생의 만족도 설문 결과 95% 이상 긍정적 응답
- 지역사회 연계: 지역 연극 전문가의 지도 및 공연 참석으로 긍정적 피드백 수렴

7. 향후 계획 및 제언

1. 연극반 활동 확대: 교내 활동뿐만 아니라 지역 행사 참여 추진
2. 학생 주도 프로그램 강화: 학생들이 직접 제작한 대본으로 연극 공연
3. 지속적인 외부 전문가와의 협력 강화

8. 첨부 자료

1. 연극반 활동 사진
2. 학생 설문조사 결과
3. 연극 공연 대본

9. 작성자

연극반 지도교사

(이름)

본 결과 보고서는 연극반 동아리의 활동 및 성과를 바탕으로 작성되었습니다.

동아리에 대한 아주 간단한 정보만 제시했을 뿐인데, 그럴듯한 결과 보고서가 금방 작성되었다.

6장

챗GPT로
생활기록부 기록
쉽게 하기

1. 챗GPT로 행발, 자율활동, 동아리 특기 사항 기록하기

이번에는 챗GPT로 '행동 특성 및 종합 의견', 이른바 '행발'을 작성해 보자. 행발이 쓰기 힘든 이유 중 하나는 비슷한 내용을 표현은 조금씩이라도 다르게 써야 하기 때문이다. 챗GPT는 문장을 바꿔 쓰거나 기존 문장과 비슷하게 흉내 내는 것을 매우 잘하기 때문에 새로운 문장을 만들어 내는 데 큰 도움을 준다. 하지만 생활기록부를 '알아서 써 주는' 도구라고 기대하는 것은 금물이다. 내가 준 프롬프트를 잘 이해 못 하는 경우도 있고, 결과물이 어색한 말투로 쓰이는 경우도 많다. 생기부는 결국 '인공지능'과 '인간 지능'을 동시에 사용해야 한다.

사실 감사하게도 많은 분이 GetGPT(https://getgpt.app)나 뤼튼 AI 스토어(https://wrtn.ai/store) 등에 생활기록부 작성을 돕는 이른바 서드파티 앱을 올리고 있다. 서드파티 앱은 보통 챗GPT 등의 생성형 AI를 이용해서 특정 결과가 나오게 만드는 것이다. 하지만 이런 도구는 치명적인 단점이 있다. 즉 내 마음대로 '튜닝'을 하기 힘들다는 것이다.

처음 사용해 보면 '우와!'라는 탄성이 절로 나오지만, 우리 학교, 우리 학생을 토대로 한 내용을 작성하려고 보면 의외로 답답함과 불편함을 느끼기 쉽다. 따라서 그들이 미리 써 둔 프롬프트가 돌아가는 이른바 서드파티 앱보다는 프롬프트를 직접 써서 돌린다면 쉽게 고쳐서 바로 사용할 수 있기에 훨씬 효율적일 수 있다. 챗GPT를 활용하여 행발을 작성하는 간단하지만 유용한 몇 가지 방법을 소개한다.

1. 챗GPT로 쓸 만한 문구 얻어 내기

누구나 마음에 드는 행발 문구 몇 개 정도는 있을 것이다. 이런 문구를 사용하여 비슷한 문장이나 문구를 생성하라고 해도 꽤 괜찮은 내용을 얻을 수 있다. 다음 프롬프트에서 굵은 글씨로 표시된 부분에 본인이 원하는 내용을 넣으면 된다.

#역할
한국의 학교에서 30년간 근무한 베테랑 담임 교사처럼 행동해 줘.

#명령
너는 학생 한 명의 생활기록부를 작성하려고 해.
생활기록부 중에서도 학생의 '행동 특성 및 종합 의견'을 작성하려고 해. 행동 특성 및
종합 의견이란 학생을 수시로 관찰하여 누가 기록된 행동 특성을 바탕으로 총체적으로 학생을 이해할
수 있는 종합 의견을 담임 교사가 문장으로 입력하는 것이야.
내가 주는 예시와 비슷한 문장들을 20개 더 생성해 줘.

#제한 조건
1. '학생'이라는 주어는 쓰지 마.
2. '그는', '그가', '그의'라는 말은 쓰지 마.
3. 전문성 있고 신뢰감이 있는 말투로 써 줘.
4. 문장의 어미를 '~임', '~음', '~함'으로 해 줘.

#예시
차분하고 조용한 성격으로 타인을 배려하기 위해 세심한 노력을 기울이는 학생임.

1. 책임감이 강하고 맡은 일을 끝까지 성실히 수행하려는 태도가 돋보임.
2. 긍정적인 태도로 학급 분위기를 밝게 만드는 데 이바지함.
3. 매사에 열정을 다하며 새로운 도전에 두려움 없이 임하는 모습이 인상적임.
4. 친구들과 원활한 관계를 유지하며 신뢰를 얻는 친화력이 뛰어남.
5. 정리정돈과 시간 관리가 철저하여 학습과 생활 모두에서 모범을 보임.

본인이 신규 교사거나 학교급이 바뀌어서 본인이 가지고 있는 자료가 별로 없을 경우
는 다음에서 추천하는 자료를 검색하여 예시문을 교체하는 방식으로 활용할 수 있다.

2. 예시 추천 자료

2017 '학생 성장 과정 기록 중심의 학생부 기재 사례 분석, 보완집' (세종시 교육청)

비교적 옛날에 만들었지만 1순위로 읽어 봐야 하는 훌륭한 자료이다. 다소 부족한 생활기록부를 예시로 들어서 어떤 점을 보완해야 완벽한 생활기록부를 만들 수 있는지 아주 잘 보여 준다. (단, 2017년 자료이기 때문에 현재 생활기록부 기재 요령과 맞지 않는 부분이 일부 있음에 유의)

[부록: 예시 추천 자료 1번]

2021~2022 선배들이 만든 대학 입학 사례집 - 충북교육청

고등학교 교사들에게 큰 도움이 되는 자료다. 학과별로 합격생의 실제 생활기록부를 잘 정리해 두었다. (단, 이 역시 현행 대학입시와 일부 맞지 않는 부분이 있음에 유의)

[부록: 예시 추천 자료 2번]

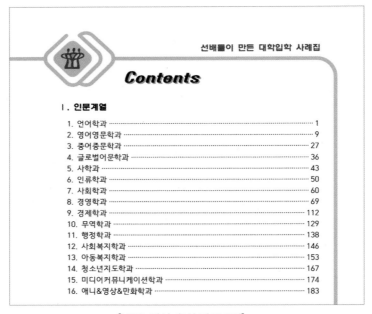

[부록: 예시 추천 자료 3번]

3. 행동 특성 및 종합 의견 초안 만들기

이번엔 학생들을 나타내는 키워드로 행발을 작성해 보자. 아래 프롬프트에서 굵은 글씨 표시되어 있는 부분을 수정하여 입력하면 된다.

#역할
한국의 학교에서 30년간 근무한 베테랑 담임 교사처럼 행동해 줘.

#명령
너는 학생 한 명의 생활기록부를 작성하려고 해.
생활기록부 중에서도 학생의 '행동 특성 및 종합 의견'을 작성하려고 해. 행동 특성 및 종합 의견이란 학생을 수시로 관찰하여 누가 기록된 행동 특성을 바탕으로 총체적으로 학생을 이해할 수 있는 종합 의견을 담임 교사가 문장으로 입력하는 것이야.
예시를 3개 보여 줄게.
내가 주는 키워드를 활용해서 학생의 특성을 묘사하는 다양한 문장들을 생성해 줘.

#제한 조건
1. 하나의 자연스러운 문단으로 작성해 줘.
2. 긍정적인 측면을 구체적으로 부각해 줘.
3. 부정적인 단어가 있다면, 변화 가능성이 있다는 최대한 긍정적인 맥락으로 만들어 줘.
4. 좋은 말이지만 잘 읽어 보면 그 학생의 부정적인 면도 잘 파악할 수 있게 말이야. 하지만 부정적인 단어가 없으면 이 지시는 신경 쓰지 마.
5. '학생', '그는', '그가'라는 주어는 쓰지 마.
6. 문장의 어미를 '~임', '~음', '~함'으로 해 줘.
7. 전문적이고 신뢰감이 있는 말투로 써 줘.
8. 길이는 한국어 600자로 작성해 줘.

#예시 1
차분하고 조용한 성격으로, 타인에게 피해를 주지 않기 위해 신중하게 행동하도록 세심한 노력을 기울이는 학생임. 외적으로는 자신을 적극적으로 표현하지는 않으나, 항상 책을 가까이하고 자신에게 적합한 공부 방법을 고민하며 꾸준히 노력하고 있음. 수업에 몰입하는 정도가 매우 높고 필기를 바른 글씨로 꼼꼼하게 하며, 자료를 체계적으로 조직하고 정리하는 데 탁월한 능력을 발휘함. 시험 기간에는 반 학우들을 위해 자신이 만든 사회 과목 정리 노트를 공유해 주는 '어벤저스' 활동에 참여하는 등 학습 활동에도 이타적인 모습을 보임. 자신이 맡은 일은 묵묵하게 해 내며, 혼자서 주도적으로 하는 활동을 선호하는 편임.

#예시 2

학습 태도가 양호하고 자신에게 적합한 공부 방법을 고민하며 꾸준히 노력하고 있음. 참여 마당 축제에서 자발적으로 부스를 개설하여 자신이 가진 끼를 표현했고, 질서 있는 부스 운영이 되도록 친구들과 함께 노력함. 방송 댄스에 흥미가 있어서 교내 공연에 참여하여 많은 호응을 얻음. 급식 도우미 역할을 책임감 있게 수행하여 학급 친구들이 원활하게 식사할 수 있도록 도움을 줌. 학년 초에는 자기 주관이 뚜렷하여 감정에 솔직하고 자기 의견을 직설적으로 표현하는 경향이 있었으나, 교사의 조언을 진지하게 경청하고 자기 행동을 개선해 나가는 태도를 보임. 자기 내면을 차분히 성찰하고 이를 긍정적으로 승화시킨다면 더 훌륭한 학생으로 성장할 가능성이 있음.

#예시 3

늘 밝은 얼굴과 매사 긍정적인 생활 자세가 돋보이는 학생임. 학급 설문조사에서 '가장 칭찬하고 싶은 학생'으로 선정될 정도로 자기 관리 능력이 우수하며, 언행이 단정하고 누구에게나 상냥하게 대하며 타인에 대한 배려심을 가지고 있음. 학급에 갈등이 발생하면 중재하고, 급우들에게 어려운 일이 발생하면 솔선수범하여 돕는 이타적인 모습을 보임. 자기 의견을 제시할 때는 항상 주변 여건과 상황을 고려하여 합리적이고 예의를 갖춘 모습을 보임. 매일 아침 명언 카드에서 학급에 도움이 될 만한 명언을 뽑아서 칠판에 게시하는 꼼꼼함을 보임. 또래 상담 활동을 수행할 만큼 타인에 대한 공감 역량이 우수함. 주어진 일을 처리할 때 스스로 융통성을 발휘하여 해결하므로 어떠한 일을 맡겨도 안심할 수 있음.

#키워드

활발함, 창의성, 배려, 리더십, 솔선수범, 질투

항상 밝고 활발한 태도로 학급 분위기를 이끌며, 창의적인 아이디어를 바탕으로 다양한 활동에서 두각을 나타냄. 학급에서 어려운 일이 생기면 솔선수범하여 문제 해결에 앞장서며, 자연스럽게 리더십을 발휘하여 동급생들을 화합시키는 데 이바지함. 친구들의 입장을 배려하고 조화로운 관계를 유지하려는 노력이 돋보이며, 특히 자신의 역할에 최선을 다해 다른 사람들에게 좋은 본보기가 되고 있음. 가끔 타인의 성과에 질투심을 느낄 때도 있으나 이를 동기 부여로 삼아 자신의 역량을 발전시키는 긍정적인 태도를 보임. 이러한 경험을 통해 더 넓은 관점에서 상황을 바라볼 수 있는 성장 가능성이 높음. 맡은 일을 책임감 있게 수행하며, 창의적인 사고와 타인을 배려하는 마음이 더해져 앞으로도 학급과 사회에 선한 영향을 미칠 잠재력이 큼.

4. 자율활동 초안 생성하기

생기부를 작성할 때 가장 어려운 부분 중 하나는 자율활동 기록이다. 학생들이 실시한 다양한 활동들을 일일이 파악하고 누가 기록하는 것은 상당히 어렵다. 그러다 보니 많은 교사는 자율활동이 끝나면 '소감문'을 학생들에게 받아서 기재에 참고하곤 한다. 소감문을 받더라도 하나하나 입력하는 게 상당히 번거로운 일인 데다가, 잘못하면 '셀프 생기부'가 되기 쉽다.

자율활동이 교사에게 압박감을 주고 시간을 많이 소모하게 만드는 이유는 결국 '무'에서 '유'를 써 내야 하기 때문이다. 그러므로 챗GPT를 사용해서 기재에 도움을 줄 초안을 만든다면 시간이 더 줄어들지 않을까? 아래의 프롬프트를 활용하면 초안으로 쓰기에는 충분한 결과물이 나온다. 아래 프롬프트에서 굵은 글씨 표시되어 있는 부분을 수정하여 입력해 보자.

> #역할
> 한국의 학교에서 30년간 근무한 베테랑 담임 교사처럼 행동해 줘.
>
> #명령
> 너는 학생의 생활기록부를 작성하려고 해.
> 생활기록부 중에서도 학생의 '자율활동'을 작성하려고 해.
> 내가 준 #활동 이름을 사용해서, 학생이 무엇을 배웠을지 추론해 봐.
> 그리고 그 배움을 통해서 행동이 얼마나 긍정적으로 바뀌었을지 상상해 봐.
> 또한, 태도도 얼마나 긍정적으로 바뀌었을지 상상해 봐.
>
> #제한 조건
> 1. 하나의 자연스러운 문단으로 작성해 줘.
> 2. 첫 문장의 주어는 반드시 내가 준 활동 이름으로 시작해야 해.
> 3. '학생'이라는 주어는 쓰지 마.
> 4. '그는', '그가', '그의'라는 말은 쓰지 마.
> 5. 품격 있고 신뢰감이 있는 말투로 써 줘.

6. 문장의 어미를 '~임', '~음', '~함'으로 해 줘.

7. 글자 수는 100자 내외로 작성해 줘.

8. 문장은 아래와 같은 말 중에 골라서 끝나게 해 줘

　기술함, 서술함, 갖게 됨, 함양함, 발견함, 구분함, 토의함, 작성함, 모색함, 참여함, 실시함, 수행함, 노력함, 도움, 이끌어 냄, 드러냄, 제안함, 선정됨.

#활동 이름
다문화 교육

"다문화 교육"을 진행하며 다양한 문화에 대한 이해와 존중의 가치를 배움. 이에 따라 더욱 개방적이고 포용적인 태도를 보이게 됨. 다른 국가와 문화를 이해하고 존중하는 바람직한 태도를 함양함. 이를 통해 다문화 사회에서의 소통 능력과 문화적 감성이 향상되었음. 서로 다른 배경과 가치를 가진 사람들에게 더욱 존중과 이해를 보이는 모습을 보여 줌. 이러한 변화는 다문화 사회에서의 소통 능력을 향상시키고, 다양한 문화를 이해하고 존중하는 태도를 갖게 됨을 보여 줌. 이는 결국 학습자의 성장과 발전을 끌어냄.

5. 동아리 특기 사항 초안 생성하기

동아리 특기 사항도 아래와 같은 프롬프트를 활용하면 조금 더 쉽게 작성할 수 있다. 아래 프롬프트에서 굵은 글씨 표시되어 있는 동아리 주요 활동을 수정하여 입력해 보자.

#역할
한국의 학교에서 30년간 근무한 베테랑 교사처럼 행동해 줘.

#명령
너는 학생의 생활기록부를 작성하려고 해.
생활기록부 중에서도 학생의 동아리 활동을 작성하려고 해.
내가 준 #동아리 주요 활동을 사용해서, 학생이 무엇을 배웠을지 추론해 봐.
그리고 그 배움을 통해서 행동이 얼마나 긍정적으로 바뀌었을지 상상해 봐.
또한, 태도도 얼마나 긍정적으로 바뀌었을지 상상해 봐.

#제한 조건

1. 하나의 자연스러운 문단으로 작성해 줘.

2. '학생'이라는 주어는 쓰지 마.

3. '그는', 그가', '그의'라는 말은 쓰지 마.

4. 품격 있고 신뢰감이 있는 말투로 써 줘.

5. 문장의 어미를 '~임', '~음', '~함'으로 해 줘.

6. 글자 수는 500자 내외로 작성해 줘.

7. 문장은 아래와 같은 말 중에 골라서 끝나게 해 줘.

　기술함, 서술함, 갖게 됨, 함양함, 발견함, 구분함, 토의함, 작성함, 모색함, 참여함, 실시함, 수행함, 노력함, 도움, 이끌어 냄, 드러냄, 제안함, 선정됨.

#동아리 주요 활동

1. 프랑스 문화를 소개하는 카드 뉴스 제작하기

2. 학교 축제에서 동아리 부스 운영

3. 학교 소개하는 브이로그 제작하기

프랑스 문화를 소개하는 카드 뉴스 제작 활동을 통해 창의적 사고력과 정보를 분석·정리하는 능력을 함양함. 학교 축제에서 동아리 부스를 운영하며 타인을 배려하고 협력하는 태도를 기르게 되었으며, 다양한 의견을 조율하며 책임감을 갖고 과제를 수행함. 학교를 소개하는 브이로그 제작 과정에서는 학교에 대한 애정을 깊게 하고, 표현력과 스토리텔링 능력을 발전시킴. 이러한 활동들을 통해 공동체 의식을 갖게 되었고, 자신의 역할에 대한 자긍심과 주도성을 드러냄.

2. 구글 시트로 과세특 작성 도움받기

1. 구글 시트의 기초

가. 왜 구글 시트인가?

스프레드시트(spread sheet)란 원래 회계 분야에서 숫자를 행과 열로 표시한 종이를 말한다. 쉽게 생각해서 회계 장부 같은 표가 바로 스프레드시트이다. 우리는 흔히 컴퓨터에 구현된 행과 열의 행태를 '엑셀'이라고 하기도 하는데, 사실 엑셀(Excel)은 마이크로소프트가 만든 스프레드시트 프로그램의 이름이다. 구글에서 만든 스프레드시트 프로그램이 바로 '구글 스프레드시트(Google Sheets)'이다.

나. 스프레드시트를 사용하는 이유

10명 이하 소수의 학생만을 지도하는 학교 교사는 그리 많지 않을 것이다. 초등교사일지라도 담임반 학생 10~20명 이상을 지도할 것이며, 중등교사는 여러 학급을 가르치면서 적게는 30~40명부터 많게는 100~200명도 넘는 많은 학생에 대한 데이터를 축적하게 된다. 이 정도 인원이 되면, 데이터가 단순한 인적 정보이건 생기부 기록 내용이건 표형식으로 관리하는 것이 훨씬 유리하다.

다. 구글 시트를 사용하는 이유

먼저 구글 스프레드시트는 구글 아이디만 있으면 누구나 무료로 사용할 수 있다는 장점이 있다. 두 번째, MS 엑셀과 달리 PC에 설치하지 않고 인터넷만 연결되어 있으면 크롬 브라우저나 엣지와 같은 브라우저에서 바로 구동시킬 수 있기에 훨씬 간편하다. 세 번째로, 구글 스프레드시트는 다른 교사나 학생과 같이 협업하기 편하다.

추가로, 구글 스프레드시트의 앱스크립트를 활용하면 반복적인 작업을 자동화하여 시간을 절약할 수 있고, 챗GPT와 같은 AI 도구를 가져와 여러 학생의 산출물을 간편하

게 요약할 수 있다. 즉 활동지 구성, 학생 데이터 관리 그리고 평가까지 하나의 파일에서
자동화 도구를 활용해 효율적으로 작업할 수 있다.

2. 구글 시트 용어

다음은 스프레드시트 사용 시 자주 접하게 될 몇 가지 핵심 용어이다.

- **행**(Row): 스프레드시트의 가로 줄을 의미한다. 각 행은 숫자로 표시되며, 데이터를
  입력할 때 특정 정보를 하나의 행에 나란히 정렬할 수 있다. 예를 들어, 한 학생 관
  련 정보는 하나의 행에 적힌다.

	A	B	C	D	E	F
1	학년	반	번호	이름	구글 계정	프로젝트 주제
2	2	1	1	김민준	student1@gmail.com	자유낙하
3	2	1	2	이서윤	student2@gmail.com	총알 피하기 게임
4	2	1	3	박지우	student3@gmail.com	바운스볼
5	2	1	4	최현우	student4@gmail.com	엔트로피

- **열**(Column): 스프레드시트의 세로 줄을 의미한다. 열은 알파벳으로 표시되며, 특정
  범주의 데이터를 세로로 정렬하는 데 사용된다. 예를 들어, 모든 학생의 이름은 하
  나의 열에 적힌다.

	A	B	C	D	E	F
1	학년	반	번호	이름	구글 계정	프로젝트 주제
2	2	1	1	김민준	student1@gmail.com	자유낙하
3	2	1	2	이서윤	student2@gmail.com	총알 피하기 게임
4	2	1	3	박지우	student3@gmail.com	바운스볼
5	2	1	4	최현우	student4@gmail.com	엔트로피

- **셀**(Cell) : 행과 열이 만나는 지점으로, 데이터를 입력할 수 있는 단위 공간이다. 각 셀은 고유한 주소(예 : A1, B2)가 있다.

	A	B	C	D	E	F
1	학년	반	번호	이름	구글 계정	프로젝트 주제
2	2	1	1	김민준	student1@gmail.com (E2)	자유낙하
3	2	1	2	이서윤	student2@gmail.com	총알 피하기 게임
4	2	1	3	박지우	student3@gmail.com	바운스볼
5	2	1	4	최현우	student4@gmail.com	엔트로피

- **시트**(Sheet) : 하나의 스프레드시트 파일 내에서 개별적으로 작업할 수 있는 페이지를 의미한다. 한 파일 내에 여러 시트를 포함할 수 있다.

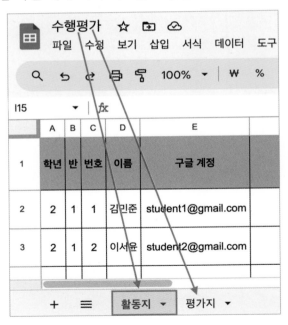

3. 구글 시트 기초 조작법

행과 열이 많은 데이터를 다루려면 기초 조작법을 익히는 것이 편리하다.

가. 마우스 없이 빨리 이동하기

① 페이지 업, 페이지 다운

마우스 휠이나 화살표 키보다는 페이지 다운(Pg Dn) 키를 사용하면 다음 페이지로 쉽게 넘어갈 수 있다. 원래 페이지로 돌아가려면 페이지 업(Pg Up) 키를 누른다.

② Ctrl+방향키(→ ← ↑ ↓)

여러 페이지를 걸쳐 있는 데이터 첫 행을 보고 있다가 마지막 행으로 가려는데, 마우스를 사용하면 마우스 휠을 여러 번 돌려서 마지막 페이지에서 클릭해야 할 것이다. 하지만 키보드 단축키를 사용하면 단번에 이동할 수 있다.

가령 아래와 같은 표에서 A1 셀을 선택한 상태에서 Ctrl를 누르고 아래 화살표를 누르면 단번에 그 표의 마지막 행인 A5로 단숨에 순간 이동을 하게 된다. 보기의 표가 5행뿐이라 마우스로 클릭했을 때와 별 차이가 없어 보이겠지만, 이 표가 300행이 넘어가는 경우라면 이 방법이 훨씬 빠르게 된다.

	A	B	C	D	E
1	학년	반	번호	이름	구글 계정
2	2	1	1	김민준	student1@gmail.com
3	2	1	2	이서윤	student2@gmail.com
4	2	1	3	박지우	student3@gmail.com
5	2	1	4	최현우	student4@gmail.com

위와 같이 연속된 데이터가 있는 표 안에서 Ctrl+화살표를 누를 경우 화살표 방향 마지막 데이터까지 이동하지만, 연속되지 않고 중간에 빠진 데이터가 있는 경우, 데이터가 있는 행까지만 이동한다. 예를 들어, 아래와 같은 표에서 a1에서 Ctrl+↓를 누르게 되면 a3까지만 이동하게 된다. 여기서 한 번 더 Ctrl+↓를 누르면 빈 행을 건너뛰고 a5까지 이동한다.

	A	B	C	D	E
1	학년	반	번호	이름	구글 계정
2	2	1	1	김민준	student1@gmail.com
3	2	1	2	이서윤	student2@gmail.com
4					
5	2	1	4	최현우	student4@gmail.com

나. 마우스 없이 선택하기

여러 셀을 선택할 경우, 스프레드시트 초보자라면 보통 마우스를 이용해서 클릭 앤 드래그(click & drag) 형식으로 셀 선택을 했을 것이다. 소량의 셀을 선택하는 경우 이 방식은 문제가 없다. 하지만 선택할 셀이 열이 20개가 넘고 100행이 넘어갈 경우 키보드를 사용하는 것이 훨씬 효율적인 방법이다.

① 기본적 이동법: Shift+방향키

마우스 없이 셀을 선택하는 방법은 스프레드시트 셀을 선택한 상태에서 Shift 키를 누르고 화살표를 사용하면 된다. 가령 아래의 셀에서 A1부터 E5까지 모든 행과 열을 선택하고 싶다면 Shift를 누른 상태에서 아래쪽 화살표를 4번, 오른쪽 화살표를 4번을 누르면 모든 선택이 가능하다.

	A	B	C	D	E
1	학년	반	번호	이름	구글 계정
2	2	1	1	김민준	student1@gmail.com
3	2	1	2	이서윤	student2@gmail.com
4	2	1	3	박지우	student3@gmail.com
5	2	1	4	최현우	student4@gmail.com

모두 선택한 모습↓

	A	B	C	D	E
1	학년	반	번호	이름	구글 계정
2	2	1	1	김민준	student1@gmail.com
3	2	1	2	이서윤	student2@gmail.com
4	2	1	3	박지우	student3@gmail.com
5	2	1	4	최현우	student4@gmail.com

② 빠르게 선택하기 : Shift+Ctrl+화살표

앞서서 Ctrl+화살표와 같은 빠른 이동법을 배운 이유는 사실 원하는 셀을 빨리 선택하기 위함이다.

	A	B	C	D	E
1	학년	반	번호	이름	구글 계정
2	2	1	1	김민준	student1@gmail.com
3	2	1	2	이서윤	student2@gmail.com
4	2	1	3	박지우	student3@gmail.com
5	2	1	4	최현우	student4@gmail.com

위와 같은 표에서 A1 위치에 있을 때 E1까지 빨리 선택하는 방법은 Shift를 누른 상태에서 Ctrl+→를 누르면 된다.

	A	B	C	D	E
1	학년	반	번호	이름	구글 계정
2	2	1	1	김민준	student1@gmail.com
3	2	1	2	이서윤	student2@gmail.com
4	2	1	3	박지우	student3@gmail.com
5	2	1	4	최현우	student4@gmail.com

여기서 5행까지 모두 선택을 하려면 다시 Shift를 누른 상태에서 Ctrl+↓를 누르면 다음과 같이 모두 선택이 된다.

	A	B	C	D	E
1	학년	반	번호	이름	구글 계정
2	2	1	1	김민준	student1@gmail.com
3	2	1	2	이서윤	student2@gmail.com
4	2	1	3	박지우	student3@gmail.com
5	2	1	4	최현우	student4@gmail.com

전체 선택된 상태에서 E열을 제외하고 A~D열만 선택하려면 어떻게 해야 할까? 이때는 Shift를 누른 상태에서 왼쪽 화살표를 한 번만 눌러 주면 된다.

A	B	C	D	E
학년	반	번호	이름	구글 계정
2	1	1	김민준	student1@gmail.com
2	1	2	이서윤	student2@gmail.com
2	1	3	박지우	student3@gmail.com
2	1	4	최현우	student4@gmail.com

참고로, 데이터가 들어간 모든 행과 열을 선택하려면 해당 표 안에 있는 셀을 선택된 상태에서 Ctrl+a를 누르면 연결된 표의 모든 셀이 선택이 된다.

원하는 부분을 빨리 선택할 수 있게 되면 원하는 부분만 삭제하거나 색을 칠하는 등의 후속 작업을 하기가 훨씬 쉬워진다. 처음에는 익숙하지 않겠지만 마우스를 쓰지 말고 Shift 키와 Ctrl 키를 적절히 배합해 가며 표 안에서 원하는 셀을 선택하는 연습을 해 본다면 업무 효율이 배가될 것이다.

다. 빠르게 위 칸의 내용 복제하기: Ctrl+d

① 스프레드시트의 식 복제 기능

흔히들 하나를 복사해서 하나만 붙여 넣을 수 있다고 생각하는데, 하나의 셀에서 Ctrl+c를 하더라도 여러 셀을 선택한 후 붙여넣기(Ctrl+v)를 하면 선택한 모든 셀에 Ctrl+c한 내용이 한꺼번에 들어가게 된다. 스프레드시트에서는 붙여넣기를 할 때 식이 들어가 있는 경우 식이 복사된다. 따라서 아래와 같은 표에서 C2 셀에 =A2+B2라는 식을 넣은 후 이 식을 밑에도 붙여 보자. C2에서 Ctrl+c를 한 다음 C3부터 C6까지 선택을 하고 Ctrl+v를 한다.

C2 ▼ | 𝑓x =A2+B2

	A	B	C
1	A	B	A+B
2	1	2	3
3	2	3	
4	5	4	
5	10	15	
6	20	25	

그러면 C3셀에는 =A3+B3, C4셀에는 =A4+B4, C5셀에는 =A5+B5, C6셀에는 =A6+B6 식이 변환되어 들어가면서 다음과 같이 A와 B열의 값이 더해진 값이 나오게 된다.

	A	B	C
1	A	B	A+B
2	1	2	3
3	2	3	5
4	5	4	9
5	10	15	25
6	20	25	45

C6 fx =A6+B6

② 맨 위 셀의 수식/내용 한 번에 복제 붙여넣기: Ctrl+d

위와 동일한 작업을 더 간편하게 하는 방법이 있는데 그것이 바로 Ctrl+d 단축키이다. Ctrl+d는 현재 선택된 셀을 기준으로 아래쪽의 선택된 셀까지 맨 위에 있는 셀의 수식이나 내용을 복사해서 붙여 넣는 단축키이다. 따라서 Ctrl+d 단축키는 먼저 복사할 셀을 선택한 후 그 밑으로 다른 셀을 선택해야 한다.

C2:C6 fx =A2+B2

	A	B	C
1	A	B	A+B
2	1	2	3
3	2	3	
4	5	4	
5	10	15	
6	20	25	

예를 들어, 위에서 C2를 포함하여 C6까지 선택하고 난 후 Ctrl+d를 누르면 맨 위 행을 제외하고 C3부터 C6까지 수식이 복사되면서 아래와 같이 동일한 결과를 얻을 수 있다.

C6 fx =A6+B6

	A	B	C
1	A	B	A+B
2	1	2	3
3	2	3	5
4	5	4	9
5	10	15	25
6	20	25	45

4. 과세특반자동구글시트(기초)

교과별 세부 능력 특기 사항, 이른바 '과세특' 작성은 교사에게 중요한 업무이다. 입시 제도상 학생들에게 개별화된 내용을 작성해 주는 것이 점점 중요해지고 있기 때문이다. 하지만 막상 어떤 식으로 해야 개별화된 기록을 해 줄 수 있는지 막막한 경우가 많을 것이다. 이제는 구글 스프레드시트를 사용해서 학생 데이터를 좀 더 효율적으로 관리하고 기록해 보자.

이 책에서는 처음부터 끝까지 본인이 만들 수고를 덜 수 있도록 아래와 같은 서식을 제공하고 있다.

1) 과세특반자동구글시트의 특징([부록-서식 1] 찐 실전_과세특구글시트)

가. 분량 확인 기능
생활기록부 교과별 세부 능력 특기 사항에 들어갈 수 있는 최대 길이는 1,500byte이다. 구글 시트에는 입력할 때마다 실시간으로 생기부 바이트 수가 표시되기 때문에 분량 조절하기가 쉽다.

	A	B	C	D	E	F	G	H
	연번	학년	반	번호	학번	성명	사진	분량
	1	1	1	1	10101	김민서		1297

나. 활동 및 개별 기록 칸

과세특은 대개 3~5개의 활동 내용과 이에 대한 개별적 평가로 이어진다. 보통 활동 내용 자체는 공통인 경우가 많으므로 개별 평가가 어려운 부분인데, 구글 시트의 '데이터 확인'이라는 기능을 쓰면 미리 개별적 평가를 여러 개 만들어 두고 클릭 한 번으로 골라서 쓰는 것이 가능하다.

활동A 공통	활동A 개별	활동A 개별2	활동A 개별3	활동B 공통	활동B 개별1	활동B 개별2	활동B 개별3
1학기 쓰기 활동에서 본인이 좋아하는 스포츠에 대해 주제문을 쓰고, 세 개의 뒷받침 문장 및 각 뒷받침 문장 직후 두 문장 이상의 세부 문장을 더하는 형식을 갖추어, 총 열 문장 이상으로 구성된 하나의 문단을 완성함.	글의 구성이 깔끔함.	어휘력이 좋음.		쓰기 활동과 연계한 말하기 활동에서 자신이 좋아하는 스포츠에 대한 인터뷰 질문에 세부적 사항을 갖추어서 말함.	아이 콘택트(e ye contact) 가 좋음.	발음이 정확함.	

예를 들어, 공통 활동 셀 오른쪽의 '개별'이라는 말이 포함되어 있는 열의 셀을 클릭하면 다음과 같이 미리 입력해 둔 메뉴가 뜨면서 쉽게 골라서 쓸 수 있는 것이다.

활동A 개별	활동A 개별2	활동A 개별3
글의 구성이 깔끔함.		

글의 내용을 흥미롭게 구성함.
표현이 풍부하고 어휘가 다채로움.
세부 내용이 풍성함.
어휘력이 좋음.
글의 구성이 깔끔함.

다. 기록 종합 기능

이렇게 반자동 구글 시트를 사용하여 누적 기록을 하면 모든 내용이 최 우측에서 두 번째 열에 저절로 합쳐져서 나오게 된다. 최 우측 열에는 텍스트 형식으로 자동으로 나오게 되어 있으므로 셀 내에서 바로 편집이 가능하며, 맞춤법이나 필요한 수정 사항만 반영한 후 이를 나이스에 복붙하면 끝이다.

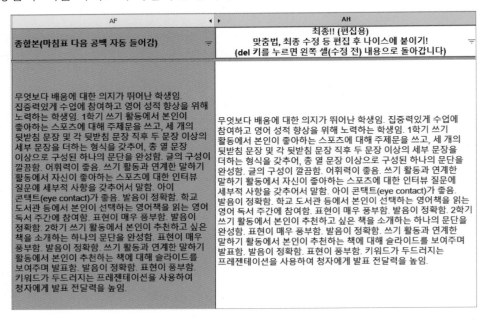

2) 과세특 반자동 구글 시트 수정하여 사용하기

이제 주어진 시트를 본인의 상황에 맞게 수정할 차례이다.

가. 반, 번호 등 기초 정보 입력하기

대부분 교사가 학생 명렬을 엑셀 형태로 가지고 있을 것이다. NEIS에서 학급별 명렬을 받으면 반/번호/이름으로 되어 있을 텐데, 먼저 반, 번호 부분만 복사해서 붙여 보자. 그러면 학번은 자동적으로 완성되게 되어 있다. 가령 반, 번호를 긁어와서 3번까지 붙이면 다음과 같이 학번이 10101, 10102, 10103으로 자동 완성된다.

B	C	D	E
학년	반	번호	학번
1	1	1	10101
1	1	2	10102
1	1	3	10103

연번	학년	반	번호	학번	성명
1	1	1	1	10101	김민서
2	1	1	2	10102	이지훈

나. 활동 개수 조정하기

먼저 본서에서 제공하는 반자동 구글 시트 양식에는 5개의 활동이 들어가 있다. 교과마다 기록하고 싶은 활동의 개수가 다를 것이므로 개수를 조정하는 것이 좋다. 5개보다 적을 경우 삭제하면 되고, 5개보다 많을 경우 추가해서 쓰면 된다.

① 활동 삭제하는 방법

첫 행 위에 있는 알파벳 부분을 클릭 앤 드래그해서 선택한 후, 삭제를 하면 선택 열 전체를 삭제할 수 있다. 예를 들어, 마지막 활동을 삭제하고 싶을 경우 AA부터 AD까지 긁으면 AA~AD열 전체 색깔이 진하게 변하게 된다.

Z	AA	AB	AC	AD
활동D 개별3	활동E 공통	활동E 개별1	활동E 개별2	활동E 개별3
	쓰기 활동과 연계한 말하기 활동에서 본인이 추천하는 책에 대해 슬라이드를 보여주며 발표함.	발음이 정확함.	표현이 풍부함.	

여기서 Del 키를 누르면 내용만 삭제가 되므로 반드시 우클릭을 하고 'AA−AD열 삭제'를 선택해야 열 전체가 삭제된다. 사실 남는 활동 및 개별 기록 칸이 있다 하더라도 입력하지 않는 한 마지막 결과물에 영향을 미치지 않으므로 불편하지 않다면 굳이 열을 삭제하지 않아도 된다.

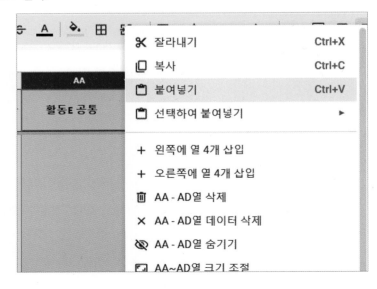

② 활동 추가하는 방법

활동 추가할 때도 먼저 알파벳 부분을 클릭 앤 드래그하여 열을 선택해야 한다. 우클릭하게 되면 열을 선택한 개수만큼 왼쪽 또는 오른쪽에 열을 삽입할 수 있다. 5개의 활동으로는 부족하여 1개를 더 추가해야 한다면 4개의 열을 선택하되, 주의할 점은 먼저 '복사'(Ctrl+c 또는 우클릭 후 '복사' 선택)를 해서 4열의 내용을 복사해 두는 것이다.

그다음 우클릭 메뉴에서 '+ 오른쪽에 열 4개 삽입'을 선택하면 오른쪽에 새로운 열 4개가 생기게 되는데, 바로 Ctrl+v를 누르면 동일한 열이 하나 더 생기게 된다.

이렇게 우측 4개의 열이 선택된 상태에서 셀의 채우기 색깔을 먼저 바꾸는 것을 추천한다. 같은 색상일 경우 기록에 혼돈이 생길 수 있기 때문이다. 툴바 중간쯤에 위치한 '채우기 색상' 버튼(🎨)을 이용하면 된다. 이후 1행의 이름을 적당하게 수정해서 사용하면 된다. 참고로 이런 식으로 추가할 경우에 최종 합쳐지는 열에는 내용이 모두 반영된다.

다. 개별 내용(데이터 확인) 수정하기

이제 다음은 활동에 대한 개별 내용을 입력하는 '메뉴' 부분을 변경할 차례이다. 클릭했을 때 셀 입력 내용을 고를 수 있게 하는 기능의 공식 명칭은 '데이터 확인' 기능이다. 원래 데이터 입력 시 데이터가 오입력되지 않게 확인하기 위해 만들어진 기능이다. 이 부분을 수정하기 위해서는 다음과 같이 메뉴바로 가서 '데이터-데이터 확인'을 먼저 선택한다.

데이터 도구 확장 프로그램 도움말 접근성

⬍ 시트 정렬 ▶

⬍ 범위 정렬 ▶

▼ 필터 삭제

+ 그룹화 보기 만들기 신규 ▶

+ 필터 보기 만들기

▦ 필터 보기로 저장

▦ 뷰 변경 ▶

▦ 옵션 보기 ▶

⬍ 슬라이서 추가

🔒 시트 및 범위 보호

▦ 이름이 지정된 범위

Σ 이름이 지정된 함수 신규

⤬ 범위 임의로 섞기

💡 열 통계

🔣 데이터 확인

그러면 다음과 같이 시트 우측에 데이터 확인이 들어가 있는 부분이 모두 표시된다. 이 중에서 변경하고 싶은 부분이 있는 항목을 선택한다.

데이터 확인 규칙 ✕

값에 범위 내 값 포함
M2:N373

값에 범위 내 값 포함
P2:Q373

값에 범위 내 값 포함
T2:U373

값에 범위 내 값 포함
X2:Y373

값에 범위 내 값 포함
AB2:AB373 🗑

첫 번째 항목을 선택하면 다음과 같이 입력 '메뉴'의 값이 표시된다.

기준에는 범위가 '평어'!$A$42:$A$1041로 된 것을 볼 수 있는데, 이는 '평어'라는 탭에 있는 해당 범위의 말을 모두 선택 메뉴로 쓴다는 뜻이다.

시트로 돌아와 하단의 탭 부분 '평어' 시트를 선택하면 다음과 같이 평어가 입력된 화면을 볼 수 있다.

여기서 해당 활동에 대한 평어 목록을 업데이트하면 원래 시트에도 자동으로 메뉴가 업데이트되므로 본인의 활동에 맞는 평어로 수정하면 된다. 학생 간 차별화를 하기 위해 성취 수준처럼 2~3단계로 평어를 만들어 내는 것이 좋다.

또한, 이 평어를 모두 수동으로 만들 필요가 없이 챗GPT를 이용해서 더 만들어 낼 수도 있다. 다만, 이는 어디까지나 초안이므로 같은 교과 선생님들과 함께 학기 초에 활동에 적합한 평어를 논의하고 검토하여 입력하는 것을 추천한다.

#역할
너는 한국의 30년 차 베테랑 고등학교 영어 교사야.

#조건
학생의 영어 한 문단 쓰기 활동에 대한 개별화된 평어를 만들어야 해.

#입력
다음의 예시와 같이 10개의 2단계 평어를 더 만들어 줘. 평어 사이는 한 줄 띄우기를 해 줘.

#예시
표현이 풍부함.
표현이 풍부하고 어휘가 다채로움.

세부 내용이 풍성함.
세부 내용이 매우 풍성하고 자세함.

어휘력이 좋음.
어휘력이 매우 좋음.

글의 구성이 깔끔함.
글의 구성이 매우 깔끔함.

문장이 대체로 정확함.

문장이 매우 정확함.

피드백 수용해서 더욱 좋은 글로 완성함.
피드백 성실히 수용해서 더욱 좋은 글로 완성함.

문법이 적절함.
문법이 매우 적절하고 정확함.

문체가 일관됨.
문체가 매우 일관되고 자연스러움.

창의적인 표현이 있음.
창의적인 표현이 돋보임.

주제가 잘 드러남.
주제가 매우 명확하고 잘 드러남.

아이디어가 독창적임.
아이디어가 매우 독창적이고 흥미로움.

문장이 유창함.
문장이 매우 유창하고 매끄러움.

내용이 적절히 구성됨.
내용이 매우 적절히 구성되고 논리적임.

목적에 부합하는 글임.
목적에 매우 부합하는 글로 잘 작성됨.

표현력이 좋음.
표현력이 매우 뛰어남.

내용이 흥미로움.
내용이 매우 흥미롭고 독창적임.

라. 최종 내용 수정하기

반자동 구글 시트에는 최 우측에서 두 번째 열에 종합 내용이 자동 생성되고, 그 오른쪽 가장 우측 열에는 편집이 가능한 텍스트가 자동 생성되게 되어 있다. F2 키를 누르거나 더블클릭해서, 셀 내에서 맞춤법 등 필요한 내용을 수정하면 된다. 그 후 이 셀을 복사한 후 나이스에 붙여넣기를 하면 된다. 혹시라도 수정 전 상태로 되돌리고 싶다면 Del을 누르면 왼쪽 열과 동일한 내용으로 돌아간다.

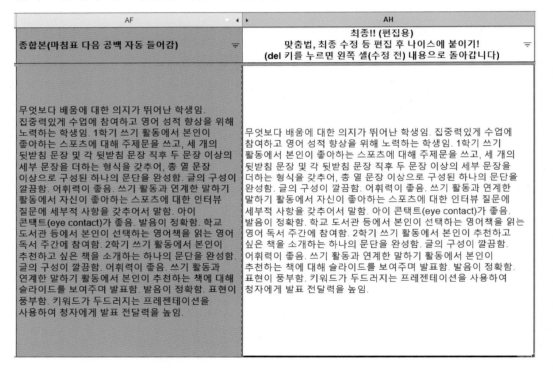

5. 개별 산출물 자동 요약 구글 시트(심화) - 구글 스프레드시트, 앱스 스크립트

위에서 소개한 과세특 반자동 구글 시트는 공통 활동을 중심으로 한 경우를 가정한 것이다. 하지만 학생들이 다양한 주제로 과제를 수행하고, 이를 바탕으로 개별 과세특을 작성해야 하는 경우도 많다. 이때 학생 산출물을 일일이 복사해 챗GPT와 같은 AI에 입력하고, 요약 결과를 생활기록부 파일로 옮기는 작업은 시간도 많이 들고 번거롭다.

하지만 구글 시트에 모든 학생의 산출물을 모아온 후 OpenAI의 API를 활용하면 모든 학생의 과제 요약본을 구글 시트 안에서 자동으로 생성할 수 있다. API를 사용하려면 OpenAI 계정을 통해 API 키를 발급받고, 사용량에 따라 비용을 지급해야 한다.

1) 공동 작업 활동지 구성 - 조별 활동 최고의 도구, 구글 스프레드시트

먼저, 수업 중 구글 스프레드시트에서 활동을 진행하여 하나의 시트에 모든 학생의 산출물을 저장하고 관리하는 방법에 대해 알아보자.

▼ 하나의 시트로 산출물 모으기

1 크롬 브라우저에 구글 계정으로 로그인한다.

2 구글 드라이브에 접속한다.

3 내 드라이브 화면에서 우클릭하여 새 폴더를 만든다. 폴더명은 수행평가로 한다.

4 수행평가 폴더에서 우클
릭하여 빈 스프레드시트 파
일을 생성한다.

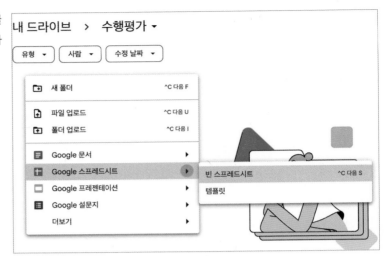

5 스프레드시트 파일명을
설정한다.

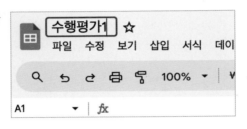

6 수행평가 구조에 맞게 열
을 구성한다. 학생들의 계정
을 저장할 **구글 계정 열**은
필수로 포함한다.

	A	B	C	D	E	F	G	H	I	J
1	학년	반	번호	이름	구글 계정	프로젝트 주제	주제 선정 이유	프로젝트 설명	산출물	소감(본인의 노력, 진로와의 연계성 포함)

7 학생 데이터를 입력한다.

	A	B	C	D	E	F
1	학년	반	번호	이름	구글 계정	프로젝트 주제
2	2	1	1	홍길동	student1@gmail.com	
3	2	1	2	이영희	student2@gmail.com	
4	2	1	3	김철수	student3@gmail.com	

2) 시트 및 범위 보호

여러 학생이 함께 사용하는 공유 활동지에서는 실수로 다른 학생의 작업을 지우거나 수정할 위험이 있다. 범위 보호 기능을 활용하면 선생님의 템플릿을 보호하고, 학생들이 실수로 서로의 작업을 건드리는 것을 막을 수 있다. 이 기능을 통해 각 행을 특정 학생만 작업할 수 있도록 설정하는 것이다.

1 E2 셀에 있는 학생의 계정을 Ctrl+C 로 복사한다.

	A	B	C	D	E
1	학년	반	번호	이름	구글 계정
2	2	1	1	홍길동	studentex1@gmail.com

2 2행의 행 번호를 클릭한다.

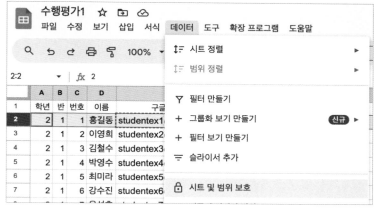

3 데이터 메뉴에서 시트 및 범위 보호 기능을 선택한다.

4 권한 설정 버튼을 클릭한다.

5 범위 수정 권한을 맞춤으로 변경한다.

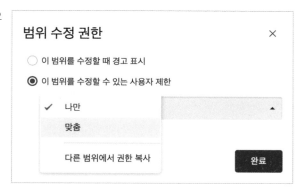

6 해당 행에 할당된 학생의 구글 계정을 Ctrl+V로 붙여 넣은 후 완료 버튼을 클릭한다.

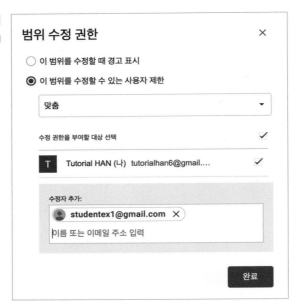

7 다음과 같은 알림이 뜨면 링크가 있는 모든 사용자에게 액세스 허용하고 편집자 권한을 준다.
다음 모든 행에 대해서 같은 작업을 반복한다.

위와 같은 방식으로 각 행에 특정 학생에게만 권한을 부여하며 보호 설정을 적용할 수 있다. 그러나 학생 수가 많아질 경우 작업이 번거롭고 시간이 오래 걸릴 수 있다는 단점이 있다. 이를 해결하기 위해 모든 학생의 범위 보호를 클릭 한 번으로 완료할 수 있는 더 간편한 방법을 소개한다.

3) 앱스 스크립트(Apps Script)를 활용한 보호 조치 자동화 ([서식 2] 찐 실전_공동 작업 활동지)

구글 스프레드시트는 기본 확장 프로그램으로 앱스 스크립트를 제공한다. 앱스 스크립트는 간단한 프로그래밍을 통해 시트의 기능을 자동화할 수 있는 도구로, 이를 활용하면 학생별로 행을 보호하는 작업도 자동화할 수 있다. 자동화 흐름을 설명하기 위해 스크립트 코드 삽입 방법을 포함했지만, 프로그래밍에 대한 전문 지식이 없어도 걱정할 필요는 없다. 제공된 서식을 다운로드하면 추가 작업 없이 클릭만으로 쉽게 사용할 수 있다. 이 서식은 스크립트가 내장된 상태로 [부록] 공유 폴더에서 "[서식 2] 찐 실전_공동 작업 활동지" 파일을 다운로드하여 바로 사용할 수 있다.

1 공유 버튼을 클릭한다.

2 링크가 있는 모든 사용자에게 편집자 권한을 부여한다.

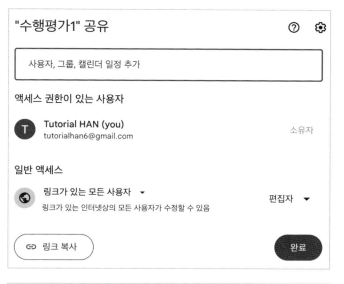

3 확장 프로그램 > Apps Script

4 코드를 삽입한다. 코드는 서식에 이미 내장되어 있다.

5 시트로 돌아와 새로 고침 버튼을 누른다.

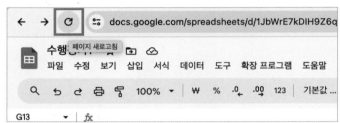

6 보호 메뉴가 생긴 것을 확인할 수 있다.

7 시작 버튼을 클릭한다.

8 처음 스크립트를 실행하기 위해서는 승인 절차가 필요하다.

9 고급 > 제목 없는 프로젝트(으)로 이동(안전하지 않음)

🔟 보호 > 시작을 클릭하고, 구글 계정이 있는 열의 알파벳을 입력한다.

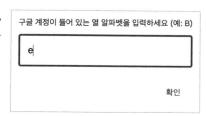

1️⃣1️⃣ 구글 계정이 시작하는 행 번호를 입력한다.

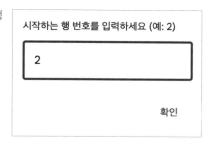

1️⃣2️⃣ 스크립트가 실행되면서 보호 조치가 자동으로 추가되는 것을 확인할 수 있다.

1️⃣3️⃣ 링크를 복사해 학생들에게 전달하면, 각자 할당된 행에서만 작업할 수 있다.

4) 과세특 초안 작성

구글 시트에서 각 학생들의 활동 산출물을 기반으로 개별 프롬프트를 작성하고 바로 챗GPT의 답변을 받기 위해서는 API 키가 필요하다. 먼저 API와 API 키 발급 방법에 대해 알아본 후 전체 학생의 개별화된 과세특 초안을 클릭 한 번으로 생성해 보고자 한다.

① API 소개

API는 쉽게 말해, 두 프로그램이 서로 대화할 수 있게 해 주는 번역기다. 챗GPT 같은 인공지능의 기능을 구글 시트 안에서 직접 활용할 수 있도록 돕는 장치라고 생각하면 된다. API를 사용하면 구글 시트와 챗GPT가 연결되어 데이터를 주고받을 수 있다. 예를 들어, 구글 시트에 학생들의 산출물을 모아 두면, 챗GPT가 이를 바탕으로 과세특 초안을 자동으로 작성해 시트에 입력할 수 있다. 즉 API를 통해 구글 시트가 챗GPT와 연결되어 원하는 작업을 대량으로 처리할 수 있게 되는 것이다.

② API KEY 발급하기

API를 사용하려면 'API 키'가 필요하다. API 키는 일종의 열쇠로, 이 키가 있어야 챗GPT를 구글 시트 안에서 사용할 수 있다. API 키를 통해 적합한 사용자인지 확인할 수 있으며, 키 사용량에 따라 비용이 부과된다. 프롬프트와 답변의 길이에 따라 과금 금액이 달라지며, 경험상 300명 학생의 300자 기준 작업에 약 5달러가 소요되었다.

1 platform.openai.com 사이트에 회원 가입한다.

2 Dashboard의 API keys 메뉴에서 스마트폰 번호 인증을 진행한다.

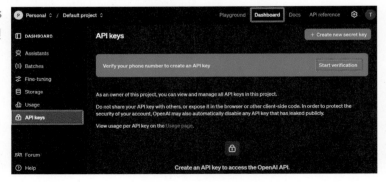

❸ 새로운 API key를 발급 받는다. 단, 여기서 처음 생성된 키는 복사하여 안전한 곳에 저장해야 한다. 보안상 최초 발급 시에만 이 키를 볼 수 있다. 키를 잃어버리면 새로운 키를 다시 발급받아야 한다. 충전된 금액이 사라지는 것은 아니다.

❹ API key를 사용하기 위해서는 금액이 충전되어 있어야 한다. 설정 > Billing > Add to credit balance에서 원하는 금액만큼 충전한다.

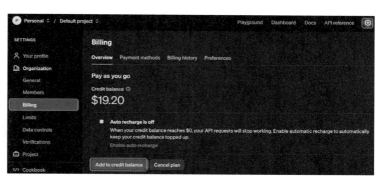

5) 과세특 초안 클릭 한 번으로 생성 ([서식 3] 찐 실전_평가)

학생 산출물 옆에 개별 평가 문구 초안 열을 추가하여 과세특 초안을 작성한다. 이는 학생 산출물을 바탕으로 객관적인 평가를 돕고 과세특을 작성하는 데 기초 자료가 된다. 또한, 챗GPT가 생기부 기재 요령에 따라 형식을 맞춰서 생성하기 때문에 작업 시간을 단축할 수 있다. 하지만 생성형 인공지능이 작성한 초안은 참고용일 뿐 반드시 교사의 검토와 수정이 필요하다. 제공된 평가 파일 서식에서 수행평가 양식에 맞게 몇 가지 항목을 설정하고 클릭으로 실행하면 학생 산출물 기반 초안이 생성된다.

평가 파일은 활동지 시트와 설정 시트로 구성되어 있다.

1 활동이 완료된 수행평가 1 파일의 내용을 **평가** 파일의 활동지 시트에 복사 붙여넣기를 한다.

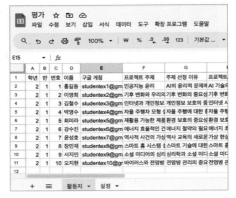

2 **평가** 파일의 학생 활동지 시트에 K열(개별 문구 초안)을 추가한다.

	프로젝트 주제	주제 선정 이유	프로젝트 설명	산출물	소감(본인의 노력, 진로와의 연7	개별 평가 문구 초안
1						
2	1@gm 인공지능 윤리	AI의 윤리적 문제와 AI 기술의 발전과 ㅓ 인공지능의 발전은 AI 윤리에 대한 이해가 깊어졌고				
3	2@gm 기후 변화와 우리 기후 변화의 중요성 기후 변화가 미래의 기후 변화는 우리 기 기후 변화의 심각성을 깨달았고					
4	3@gm 인터넷과 개인정보 개인정보 보호의 중 인터넷 사용 시 개 인터넷 사용이 일심 개인정보 보호의 중요성을 깨달					
5	4@gm 자율 주행차 모형 ㅅ 자율 주행에 대한 ㅈ 자율 주행차의 기술 자율 주행차 기술은 자율 주행 기술에 대한 관심이 ㅂ					

3 **설정** 시트에서 C열을 활동지 양식에 맞게 수정한다. API 호출이 너무 짧은 시간 안에 과도하게 이루어지면 답변 생성에 오류가 발생할 수 있으므로, 한 번에 최대 10개의 행을 생성하는 것을 권장한다.

	설정	설명	값
1	설정	설명	값
2	OPENAI API 키	발급받은 API 키를 입력해주세요.	sk-proj-JQuK14yR4KYjtDZw0WgGT3BIbkFJ
3	시트명	학생 산출물이 포함된 시트의 이름을 적어주세요.	활동지
4	입력 시작 열	프롬프트에 포함되는 정보의 시작 열 알파벳을 적어주세요.	F
5	입력 끝 열	프롬프트에 포함되는 정보의 끝 열 알파벳을 적어주세요.	J
6	입력 시작 행	초안을 생성을 시작하고 싶은 학생의 행 번호를 적어주세요.	2
7	입력 끝 행	초안을 생성을 끝낼 학생의 행 번호를 적어주세요.	11
8	출력 열	초안을 기록할 열을 입력해주세요.	
9	프롬프트	수행평가 성격에 맞게 프롬프트를 수정해주세요.	너는 30년 경력의 정보 과목 베테랑 교사로서 학생9 생활기록부 중에서도 학생의 '과목별 세부능력 및 특 #가이드라인 수업의 주제는 인공지능 윤리 보고서야. 학생의 수행평가 활동 산출물을 사용해서, 학생이 무 그리고 그 배움을 통해서 행동이 얼마나 긍정적으로 '학생', '그는', 그가', '그의' 등 사람을 지칭하는 주어 문장을 반드시 하나의 문단으로 작성해야 해. 절대로 교사가 학생을 관찰하고 평가한 내용으로 품격있고 문장의 어미는 '~임', '~음', '~함'과 같이 명사형 어미 문장은 아래와 같은 말 중에 골라서 끝나게 해줘: 기 #학생 산출물 프로젝트 주제: {F} 주제 선정 이유: {G} 프로젝트 설명: {H}

4 **문구 생성** 메뉴에서 **시작** 버튼을 클릭한다. 최초 실행 시 승인이 필요하다.

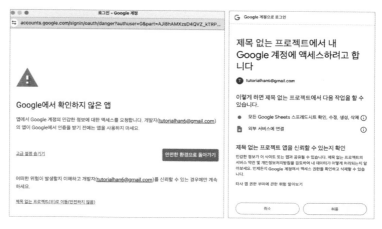

5 문구 생성 메뉴에서 시작 버튼을 다시 클릭한다. 스크립트 실행이 완료되면 활동지 시트의 K열이 채워진 것을 확인할 수 있다.

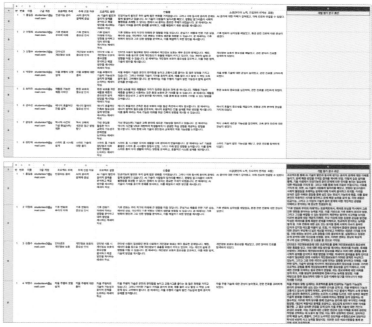

3. 챗GPT로 자율적 교육과정 개별 세특 초안 쓰기

자율적 교육과정은 교사들이 다양한 교과를 융합해 창의적인 선택형 프로그램을 개발할 수 있도록 돕는다. 학생들은 관심사와 진로에 맞는 프로그램을 직접 선택하며 주도적으로 학습할 수 있다. 예를 들어, 과학 교사와 미술 교사가 협력하여 '과학과 예술의 만남'과 같은 통합 교육과정을 설계할 수 있다.

이러한 교과 융합적 접근은 학생들에게 폭넓은 시각과 깊이 있는 학습 경험을 제공한다는 장점이 있지만, 여러 교사가 한 수업을 담당하다 보니 수업 운영이 복잡해지고 평가 양식을 통일하기 어렵다는 단점도 있다. 하지만 챗GPT를 활용하면 교육과정 개발 시간을 단축하고 개별 학생에 대한 평가 자료를 체계적으로 정리하고 효율적으로 관리할 수 있다.

1. 선택형 프로그램 운영

1) 선택형 프로그램 교육과정 개발

#역할
당신은 한국의 고등학교에서 근무하는 정보 교사입니다.
아래의 주 명령과 제한 조건을 바탕으로 최상의 결과를 출력하세요.

#명령
정보 과목과 물리 과목을 융합한 새로운 주제 10개 제시해 줘. 각 주제를 잘 드러낼 수 있는 강좌명도 같이 써 줘.

#제한 조건
 - 대상: 고등학교 2학년
 - 대한민국 고등학교 2학년 학교 진도나 수준을 고려해 줘.

정보 과목과 물리 과목을 융합한 새로운 주제 10개

1. 주제: 물리적 현상의 컴퓨터 시뮬레이션
강좌명: "시뮬레이션으로 탐구하는 물리 세계"

2. 주제: 데이터 분석을 통한 물리 실험 결과 해석
강좌명: "데이터로 읽는 물리 실험"

3. 주제: 알고리즘을 활용한 역학 문제 해결
강좌명: "알고리즘으로 풀어 보는 역학 문제"

4. 주제: 전자기 현상과 정보통신 기술
강좌명: "전기와 빛, 그리고 정보통신"

5. 주제: 인공지능을 활용한 물리 문제 예측
강좌명: "AI와 함께하는 물리 탐구"

6. 주제: 소프트웨어 개발을 통한 물리 실험 자동화
강좌명: "프로그래밍으로 자동화하는 물리 실험"

7. 주제: 빅데이터를 활용한 우주 물리학 연구

…(생략)

#역할
당신은 한국의 고등학교에서 근무하는 정보 교사입니다.
아래의 주 명령과 제한 조건을 바탕으로 최상의 결과를 출력하세요.

#명령
인공지능과 물리 시뮬레이션이라는 주제로 차시별 수업 내용을 만들어 줘.

#제한 조건
 - 대상: 고등학교 2학년

- 코딩을 잘하지 못하는 학생들도 포함되어 있어.
- 생성형 인공지능을 써서 시뮬레이션 프로그램을 만들 수 있도록 수업을 구성해 줘.
- 16차시로 진행되고 1차시는 40분 수업이야.
- 물리 선생님과 정보 선생님이 수업을 적절하게 나눠서 할 수 있도록 해 줘.

인공지능과 물리 시뮬레이션 - 차시별 수업 계획

주제: 인공지능과 물리 시뮬레이션
대상: 고등학교 2학년
총 차시: 16차시 (각 차시 40분)
목표: 학생들이 물리적 개념을 이해하고, 생성형 인공지능과 VPython을 활용하여 간단한 시뮬레이션
　　　프로그램을 제작할 수 있도록 함.

1차시: 인공지능과 시뮬레이션의 개요
- 진행 교사: 물리 선생님, 정보 선생님 공동 진행
- 내용: 인공지능(AI)의 기본 개념과 물리 시뮬레이션의 필요성 및 목표 소개
- 활동: 실제 물리적 현상(예: 자유 낙하, 충돌)과 그 시뮬레이션 사례 소개
- 목표: AI와 물리 시뮬레이션의 중요성과 관련성을 이해

2차시: 물리 개념 복습 - 기초 물리 현상
- 진행 교사: 물리 선생님
- 내용: 기초 물리 개념 (운동, 힘, 에너지 등) 복습.
- 활동: 간단한 실험(예: 진자 운동)으로 물리적 원리 설명.
- 목표: 시뮬레이션에 필요한 물리 개념의 이해를 돕기.

3차시: 생성형 인공지능과 VPython 소개
- 진행 교사: 정보 선생님
- 내용: 생성형 인공지능의 기본 원리와 VPython 프로그램 소개.
- 활동: 생성형 AI를 활용한 예제와 VPython 설치 및 기본 사용법 설명.
- 목표: 생성형 AI와 VPython의 사용 방법 이해.

···(생략)

2) 선택형 프로그램 운영 계획서 작성

생성형 인공지능은 주로 텍스트 입력을 통해 질문하고 답변을 받는 방식으로 활용되지만, 챗GPT는 글뿐만 아니라 이미지와 파일을 첨부하여 더욱 다양한 방식으로 사용할 수 있다. PDF, Word, Excel 등의 파일을 업로드하면 문서 내용을 분석하거나 특정 작업을 수행하도록 명령할 수 있다. 다만, 학교에서는 한글(HWP) 파일이 많이 사용되지만, 챗GPT에서는 현재 이를 직접 업로드하여 처리할 수 없다. 대신, 파일 내용을 캡처한 이미지를 첨부하면 문서를 분석하는 데 활용할 수 있다.

다음은 프롬프트에 선택형 프로그램 운영 계획 양식을 이미지로 첨부한 예시이다.

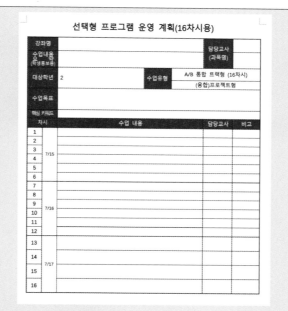

#역할
당신은 한국의 고등학교에서 근무하는 정보 교사입니다.
아래의 제한 조건과 입력문을 바탕으로 최상의 결과를 출력하세요.

#명령
방금 작성한 차시별 수업 계획을 반영하여 운영 계획서를 작성해 줘.

#제한 조건
 - 첨부된 사진에 있는 운영 계획서 템플릿에 맞춰서 작성해 줘.
 - 비고 부분에는 수업 준비물을 작성해 줘.

선택형 프로그램 운영 계획(16차시용)

강좌명: 인공지능과 물리 시뮬레이션
수업 내용 요약(학생용 보충): 물리적 현상을 이해하고 생성형 인공지능과 VPython을 활용하여 시뮬레이션 프로그램을 제작하는 과정
대상 학년: 2학년
수업 유형: A/B 통합 트랙형(16차시) (융합) 프로젝트형
수업 목표: 학생들이 물리적 개념을 이해하고, VPython 및 AI 도구를 활용해 물리 시뮬레이션을 제작하는 능력을 기른다.
핵심 키워드: 생성형 인공지능, 물리 시뮬레이션, VPython, 자유 낙하, 충돌, 데이터 시각화

차시별 수업 내용

1차시: 인공지능과 시뮬레이션의 개요
- 담당 교사: 물리/정보 교사
- 비고: 컴퓨터 및 프로젝터, 인터넷 연결

2차시: 물리 개념 복습 - 기초 물리 현상
- 담당 교사: 물리 교사
- 비고: 진자 운동 실험 도구, 칠판과 마커

3차시: 생성형 인공지능과 VPython 소개
- 담당 교사: 정보 교사
- 비고: 컴퓨터, VPython 설치 파일, 인터넷 연결

4차시: VPython을 활용한 간단한 시뮬레이션 작성 (1)
- 담당 교사: 정보 교사
- 비고: 컴퓨터, VPython 소프트웨어, 교재 자료

5차시: 물리 현상 시뮬레이션 - 자유 낙하
- 담당 교사: 물리 교사
- 비고: 공, 낙하 실험 장비, 초시계

…(생략)

3) 선택형 프로그램 홍보 포스터 제작

자율적 교육과정을 운영할 때 여러 강좌가 열리게 되는데, 학생들이 이러한 다양한 강좌 중에서 자신에게 맞는 과목을 선택하도록 돕는 것이 중요하다. 이때 각 강좌의 내용을 빠르게 파악하고 자신의 관심 분야나 희망 진로와 연계된 강좌를 선택하는 데 도움을 줄 수 있는 효과적인 방법이 바로 포스터이다.

포스터 제작 과정에서 챗GPT의 그림 생성 기능을 활용하면 짧은 시간 안에 수준 높은 포스터를 효율적으로 제작할 수 있다. 이를 통해 교사들은 디자인에 대한 부담을 덜고 수업 준비에 더욱 집중할 수 있다.

추가로 캔바(Canva)와 같은 디자인 도구를 활용해 통일된 템플릿을 제작한 뒤 공유해, 각 강좌 담당 교사가 동일한 형식으로 포스터를 제작할 수 있도록 한다.

#역할
당신은 한국의 고등학교에서 근무하는 정보 교사입니다.
아래의 주 명령과 제한 조건을 바탕으로 최상의 결과를 출력하세요.

#명령
해당 강좌를 소개하는 포스터에 삽입할 그림을 그려 줘.

#제한 조건
 - 이미지는 브라운 톤으로 해 줘.
 - 16:9 비율로 그려 줘.
 - 물리와 파이썬 코딩을 배운다는 것이 드러났으면 좋겠어.
 - 놀이기구 속 물리학 법칙을 탐구할 예정이야.

2. 개별 학생 성장 기록

'개인별 세부 능력 및 특기 사항(이하 개별 세특)'은 학교 자율적 교육 활동이 특정 과목에 국한되지 않고 다양한 교과를 통합한 경우 기록할 수 있다. 특히 학교에서 수업량 유연화에 따라 자율적 교육 활동을 운영할 때 교사는 이러한 활동을 개별 세특으로 입력하게 된다. 개별 세특을 효과적으로 활용하면 학생의 전공 관련 소양 및 관심도, 전공 적합성, 그리고 융합적 사고 능력을 잘 드러낼 수 있기 때문에 많은 학교가 교과 융합 프로그램을 적극적으로 운영하고 있다.

하지만 이러한 이유로 행정적 처리는 복잡해진다. 개별 세특은 최소 세 명의 교사가 협력해 작성한다. 다양한 교과의 교사가 내용을 작성하고, 최종적으로 담임 교사가 이를 나이스 시스템에 입력하게 되므로, 사전에 명확한 처리 절차를 수립하는 것이 중요하다.

먼저, 개별 세특의 구성을 살펴보자. 개별 세특은 크게 세 부분으로 나눌 수 있다. 첫 번째는 학교에서 운영하는 자율적 프로그램에 대한 공통 소개 문구로 모든 학생에게 동일하게 적용된다. 두 번째는 선택형 프로그램 제목을 포함한 수업별 공통 소개 문구로, 같은 강좌를 수강한 학생들에게 공통적으로 기록된다. 세 번째는 교사가 작성하는 학생 개별 문구로 각 교사가 담당한 학생에 대해 개별적으로 작성한다.

1) 개별 세특 공통 문구 초안([서식 4] 찐 실전_강좌 운영 계획서)

학교에서 운영하는 자율적 교육과정에 대한 공통 문구는 간단하게 한 줄로 작성할 수 있다. 운영 기간, 프로그램명, 총 개설된 수업의 수, 이수 시수가 포함된다. 예를 들어, "자율적 교육과정 운영 기간(2024.07.16~2024.07.19)에 개설된 '통합 사고 프로젝트' 10개 수업 중 다음 과정을 선택하여 16시간을 이수함."이라고 작성할 수 있다.

자율적 프로그램별 공통 문구는 두 가지 방식으로 작성할 수 있다. 첫 번째 방식은 예시 문구를 제공하고, 교사가 이를 참고해 형식에 맞춰 작성하는 것이다. 예를 들어, "[3D 물리 시뮬레이션] 수업에서 파이썬 시뮬레이션 도구로 물리 현상을 구현하고, 그 결과를 바탕으로 간단한 예측 보고서를 작성함."과 같은 문구를 사전에 제공해 참고하도록 한다.

두 번째 방식은 공유 구글 시트를 만들어 강좌별 정보를 담당 교사들이 입력하고, 제공된 수업 공통 문구 초안 서식에서 여러 개별 세특 초안을 한 번에 생성해 제공하는 것이다.

먼저, 공유 스프레드시트 문서를 제공하고 담당 교사가 수업 관련 내용을 입력한다. 서식의 수업 내용은 임의로 작성된 것이다. 현재는 수업 공통 문구 초안이 비어 있다.

담당 교사	수업명	수업내용	수업목표	수업 키워드	수업 예상 결과(물)	수업 공통 문구 초안
홍길동, 강수진	미래 기술과 환경 변화	미래 기술이 환경 변화에 미치는 영향을 탐구하고 해결 방안을 모색한다.	미래 기술이 환경에 미치는 영향을 이해하고 해결 방안을 제시한다.	미래 기술, 환경 변화, 지속 가능성	환경 변화 해결 방안 발표 자료	
이영희, 윤성호	과학과 예술의 만남	과학적 발견과 예술적 표현이 융합된 사례를 통해 창의적 사고를 발전시킨다.	과학과 예술의 융합을 통해 창의적 사고를 키운다.	과학, 예술, 창의적 사고	과학과 예술 융합 프로젝트 작품	
김철수, 장민재	디지털 미디어와 소통	디지털 미디어의 발전과 이를 통한 효과적인 소통 방법을 연구한다.	디지털 미디어를 효과적으로 활용하는 소통 능력을 기른다.	디지털 미디어, 소통, 사회 변화	디지털 미디어 소통 전략 보고서	
박영수, 서지민	인공지능과 사회 문제 해결	AI 기술을 활용해 사회 문제를 해결하는 방법을 학습하고 토론한다.	AI를 활용한 사회 문제 해결 방법을 모색한다.	AI, 사회 문제 해결, 기술 융합	AI 활용 사회 문제 해결 발표 자료	
최미라, 오지현	로봇 공학의 세계	로봇 공학의 원리와 기술을 배우고 다양한 분야에서의 활용 사례를 탐구한다.	로봇 공학의 기본 원리를 이해하고 실제 사례를 분석한다.	로봇 공학, 기술 혁신, 융합 학문	로봇 공학 활용 사례 분석 보고서	

문구 생성 메뉴의 시작 버튼을 누르기 전에 운영계획서 틀에 맞게 설정 시트의 값을 수정한다. 제공된 프롬프트도 학교에서 운영하는 방식에 맞게 수정한다.

설정	설명	값
OPENAI API 키	발급받은 API 키를 입력해주세요.	sk-proj-JQuK14yR4KYjtDZw0WgGT3BlbkFJa2fKSwqB5Mrl4bVkfMaS
시트명	학생 산출물이 포함된 시트의 이름을 적어주세요.	활동지
입력 시작 열	프롬프트에 포함되는 정보의 시작 열 알파벳을 적어주세!	B
입력 끝 열	프롬프트에 포함되는 정보의 끝 열 알파벳을 적어주세요.	F
입력 시작 행	초안을 생성을 시작하고 싶은 학생의 행 번호를 적어주세!	2
입력 끝 행	초안을 생성을 끝낼 학생의 행 번호를 적어주세요.	6
출력 열	초안을 기록할 열을 입력해주세요.	G
프롬프트	운영계획 성격에 맞게 프롬프트를 수정해주세요.	너는 30년 경력의 정보 교과 베테랑 교사로서 수업 소개 글을 작성하려고 해. 수업의 운영계획서를 바탕으로, 학생들이 어떤 내용을 배우고 어떤 역량을 기를 수 있을지 한 줄로 요약하는 수업 소개 문구를 작성하려고 해. #가이드라인 운영계획서에 나와 있는 수업 내용, 수업 목표, 수업 키워드, 수업 예상 결과(물)를 참고해서, 이 수업을 통해 학생들이 얻을 수 있는 핵심 역량을 한 줄로 요약해줘. 문장은 반드시 [수업명]에서부터 시작해야 해. 대괄호 안에 수업명을 각 수업명을 넣은거야. 한 문장으로 작성하는 거야. 교사가 수업을 설명하는 품격있고 신뢰감 있는 말투로 써줘. 문장의 어미를 '~함', '~음', '~함양함', '~익힘'과 같은 명사형 어미로 작성해줘. #수업 정보 수업명: {B} 수업 내용: {C} 수업 목표: {D} 수업 키워드: {E} 수업 예상 결과(물): {F}

서식 파일에서 문구 생성 메뉴의 시작 버튼을 클릭해 자동으로 수업 공통 문구 초안을 생성한다.

	A	B	C	D	E	F	G
1	담당 교사	수업명	수업내용	수업목표	수업 키워드	수업 예상 결과(물)	수업 공통 문구 초안
2	홍길동, 강수진	미래 기술과 환경 변화	미래 기술이 환경 변화에 미치는 영향을 탐구하고 해결 방안을 모색한다.	미래 기술이 환경에 미치는 영향을 이해하고 해결 방안을 제시한다.	미래 기술, 환경 변화, 지속 가능성	환경 변화 해결 방안 발표 자료	[미래 기술과 환경 변화] 수업에서 미래 기술과 그로 인한 환경 변화를 배우고, 지속 가능한 개발을 위한 해결 방안 능력과 혁신적인 사고력을 기름니다.
3	이영희, 윤성호	과학과 예술의 만남	과학적 발견과 예술적 표현이 융합된 사례를 통해 창의적 사고를 발전시킨다.	과학과 예술의 융합을 통해 창의적 사고를 키운다.	과학, 예술, 창의적 사고	과학과 예술 융합 프로젝트 작품	[과학과 예술의 만남] 수업에서 과학과 예술의 경계를 허문 창의적 사고의 발전과 고유한 융합 프로젝트 작품 제작의 경험을 얻음
4	김철수, 장민재	디지털 미디어와 소통	디지털 미디어의 발전과 이를 통한 효과적인 소통 방법을 연구한다.	디지털 미디어를 효과적으로 활용하는 소통 능력을 기른다.	디지털 미디어, 소통 변화	디지털 미디어 소통 전략 보고서	[디지털 미디어와 소통] 수업에서 디지털 미디어의 효과적 활용을 통해, 소통 능력 강화와 사회 변화에 대한 인식 향상을 이루는 핵심 역량을 함양함.
5	박영수, 서지민	인공지능과 사회 문제 해결	AI 기술을 활용해 사회 문제를 해결하는 방법을 학습하고 토론한다.	AI를 활용한 사회 문제 해결법을 모색한다.	AI, 사회 문제 해결, 기술 융용	AI 활용 사회 문제 해결 발표 자료	[인공지능과 사회 문제 해결] 수업에서는 AI 기술로 사회 문제를 해결하는 방법을 학습하고 이를 토론하는 활동 이외에 AI를 직접 활용하여 사회 문제를 해결하는 실제 프로젝트를 진행함으로써 사회 문제 해결을 위한 능력 활용능력 및 창의적 문제 해결 능력을 기를 수 있음을 목표로 합니다.
6	최미라, 오지현	로봇 공학의 세계	로봇 공학의 원리와 기술을 배우고 다양한 분야에서의 활용 사례를 탐구한다.	로봇 공학의 기본 원리를 이해하고 실제 사례를 분석한다.	로봇 공학, 기술 혁신, 융합 학문	로봇 공학 활용 사례 분석 보고서	[로봇 공학의 세계] 수업에서는 로봇 공학의 원리와 기술을 학습하고 그 활용 사례를 분석하여 자신만의 과학적 사고를 제고하고 혁신적인 융합 학문에 대한 인식을 확립함.

2) 개별 세특 개인 문구 초안

개별 세특 개인 문구 초안을 챗GPT를 통해 대량으로 자동 생성하려면 먼저 학생들의 수업 산출물을 온라인으로 받아 둘 필요가 있다. 여기에는 학생들이 제출한 보고서, 과제, 또는 프로젝트 같은 자료가 포함된다. 이러한 산출물을 체계적으로 모아 두면, 이를 바탕으로 학생 개개인의 특성을 반영한 세부 평가 문구를 쉽게 작성할 수 있다.

산출물을 수집하는 방식은 크게 두 가지다. 첫 번째는 앞서 소개한 '공동 작업 활동지'(부록 서식 2)를 활용하는 것으로, 학생이 자율적 교육과정 동안 자신에게 할당된 시트에 직접 활동 내용을 기록하는 방식이다.

두 번째는 구글 폼으로 설문조사지를 만들어 학생이 산출물을 제출하도록 하는 방법이다. 학생이 제출한 답변은 구글 시트에 자동으로 저장된다.

어느 방식을 선택하든 앞서 과세특을 자동 생성했던 것과 마찬가지로 산출물이 담긴 구글 시트의 내용을 '평가'(부록 서식 3) 구글 시트의 적절한 위치에 복사해 붙이면 된다. 챗GPT가 결합된 구글 시트에서 효율적으로 초안 문구를 생성할 수 있다.

디지털 도구와 인공지능을 활용한 자동화는 교사의 업무 부담을 줄이는 동시에, 보다 정교하고 개별화된 평가 기록을 가능하게 한다. 궁극적으로 이는 학생들에게 더욱 의미 있는 피드백을 제공하는 데 기여할 것이며, 교육 현장에서 인공지능의 유용성을 실감할 수 있는 계기가 될 것이다.

부록

1. 서식 1~4 사본 가져오는 방법

① 크롬이나 엣지에서 구글 아이디로 미리 접속해 놓는다.

② 부록에 있는 QR코드 찍으면 나오는 구글 드라이브 공유 폴더 링크를 카톡 본인에게 보내기 등을 활용해서 보낸다.

③ PC에서 받은 해당 링크를 클릭한다.

④ '...의 사본을 만들겠습니까?'에 '사본 만들기' 버튼을 선택하면 본인 구글 드라이브에 저장된다.

[서식 1]

[서식 2]

[서식 3]

[서식 4]

2. 예시 추천 자료 PDF 다운로드하는 방법

① 크롬이나 엣지에서 구글 아이디로 미리 접속해 놓는다.

② 부록에 있는 QR코드를 찍으면 나오는 구글 드라이브 공유 폴더 링크를 카톡 본 인에게 보내기 등을 활용해서 보낸다.

③ PC에서 받은 해당 링크를 클릭한다.

④ 원하는 PDF를 선택해 다운로드한다.

예시 추천 자료 폴더

현직 교사가 만든
업무 자동화를
원하는 교사를 위한

찐 실전

Chat GPT

생성형 AI 수업 업무 대혁명

| 2025년 | 3월 25일 | 1판 | 1쇄 | 발 행 |
| 2025년 | 6월 5일 | 1판 | 4쇄 | 발 행 |

지 은 이 : 손지선·양현·이상경
　　　　　박한나·한솔·박석경

펴 낸 이 : 박　　　정　　　태

펴 낸 곳 : **주식회사 광문각출판미디어**

10881
파주시 파주출판문화도시 광인사길 161
광문각 B/D 3층
등　　록 : 2022. 9. 2 제2022-000102호
전 화(代): 031-955-8787
팩　　스 : 031-955-3730
E - mail : kwangmk7@hanmail.net
홈페이지 : www.kwangmoonkag.co.kr

ISBN : 979-11-93205-52-5　　03370

값 : 16,000원